心安之处即是家

台湾青年大陆追梦记

京彩台湾 编著

台海出版社

图书在版编目（CIP）数据

心安之处即是家：台湾青年大陆追梦记 / 京彩台湾编著. -- 北京：台海出版社，2024. 10. -- ISBN 978-7-5168-4002-3

Ⅰ.D669.2

中国国家版本馆CIP数据核字第2024L73U49号

心安之处即是家：台湾青年大陆追梦记

编　　著：京彩台湾

出 版 人：窦为龙　　　　　　责任编辑：陈国香

出版发行：台海出版社
地　　址：北京市东城区景山东街20号　邮政编码：100009
电　　话：010-64041652（发行、邮购）
传　　真：010-84045799（总编室）
网　　址：www.taimeng.org.cn/thcbs/default.htm
E-mail：thcbs@126.com

经　　销：全国各地新华书店
印　　刷：北京中科印刷有限公司
本书如有破损、缺页、装订错误，请与本社联系调换

开　　本：880毫米×1230毫米　　1/32
字　　数：200千字　　　　　　　印　张：9.25
版　　次：2024年10月第1版　　　印　次：2024年10月第1次印刷
书　　号：ISBN 978-7-5168-4002-3

定　　价：88.00元

版权所有　　翻印必究

谨以此书献礼首届

海峡两岸中华文化峰会

罗士泂题

编撰人员

张　磊	江　岚	郭建华	赵　亮
鲁丽玲	王　妍	马婷婷	祁　迹
王紫乐	周慕云	章云临	陈佳莉

序言

序一

谁谓河广　一苇杭之

"无论海角与天涯，大抵心安即是家。"

在接到"京彩台湾"的作序邀请，看到这本《心安之处即是家：台湾青年大陆追梦记》样书时，我脑海里一下浮现出了白居易的这句诗。

青年是国家的希望、民族的未来。两岸青年好，两岸未来才会好。近年来，在惠台政策陆续出台和两岸融合发展的大趋势下，越来越多的台湾青年到大陆打拼，从参访交流、学习实习、就业创业再到成家立业，进而实现人生价值，无一不是对"爱拼才会赢"的最好诠释。

这本由"京彩台湾"编著、台海出版社出版的图书，汇集了三十多位台湾青年在大陆奋斗的故事。对于故事的每一位主人公来说，他们都是独立的个体，我们在书中的字里行间，甚至只通过文章题目，就可以捕捉到他们的特点；基于这些故事所刻画出的台湾青年群体，却又有着惊人的共性：对于真实世界的探究，对于自我清晰的认知，对于人生方向的思考，对于家国天下的情怀……

翻阅全书，一个最大的感受就是，除了部分台商二代，绝大多数台湾青年选择来大陆发展，都是基于最初的参访交流，才有后来的"登陆"求学求职，再到安家扎根。他们来之前都有一样的忐忑，来之后都是一样的振奋。正如书中很多主人公所言，在一次次参访交流中，下定了来大陆发展的决心。结合我曾经的教师经历，再来看这些孩子们的成长，他们要想冲破"台独课纲"对自身的束缚乃至误导，"行万里路"是最立竿见影的途径。台湾青年到大陆各地走一走、看一看，领略祖国壮美河山，品味博大精深的中华文化，了解大陆发展建设成就，在实地踏访、亲身体验、深入交流中，完成了一次次精神上的洗礼和思想上的蜕变。

我从事对台工作三十余年，经历了两岸关系发展的很多历史性时刻。从汪辜会谈到实现两岸全面直接双向"三通"，从开创两岸各领域大交流大合作局面到建设两岸融合发展示范区，要和平、要发展、要交流、要合作一直是台湾主流民意。特别是在两岸青年交流方面，大陆各省（区）市为两岸青年更好互学互鉴、相依相伴、同心同行，在搭建"连心桥"、注入"正能量"、添续"青动力"方面可谓不遗余力。日日做工、久久为功，逐渐呈现出了台青"登陆"前赴后继、势不可挡的可喜局面。我在担任国台办新闻发言人期间也曾多次宣介过相关内容，本书中的一些主人公我还认识，看到他们的成长，我发自内心为他们高兴。

"京彩台湾"新媒体运营团队，是全国涉台政务新媒体中，唯一被中央网信办授予中国正能量之"百个优秀网络正能量建设者"殊荣的团体。他们近年来在创新对台话语叙事、讲好台胞台青故事方面，开展了大量卓有成效的探索和实践，形成了一批形式多样的成果。

本书的出版，又为"京彩台湾"开展对台传播增色不少。

诗经有云：谁谓河广，一苇杭之。我们期待更多岛内青年把握时代脉搏，来大陆走走看看，找到更适合自己挥洒的舞台，成为两岸融合发展的实践者、推动者和受益者；我们也期待"京彩台湾"不断发掘优秀台青，持续讲好他们的精彩故事，为岛内学子提供更多可借鉴、可学习的榜样。

祝愿在北京，乃至在大陆的所有台湾青年，都能让自己的青春在火热实践中绽放绚丽之花！

海峡两岸关系协会副会长 马晓光

2024年9月5日

序二

此心安处是吾乡：
只因他们来过，看过，感受过

这些年来，台湾青年面对民进党铺天盖地的"去中国化"洗脑及环绕四周的"文化台独"氛围，加之更看不惯岛内政治恶斗、经济困境……早就有为数不少的台青，在大学毕业后毅然选择西进祖国大陆追梦、筑梦、圆梦。

在台北大学任教 30 多年的我，这些年就有数以百计的学生西进大陆。特别是 2008 年后，主动选择到大陆做交换生、读研究所研究生，甚至进一步求职工作、创业，乃至买房、结婚、生子的学生，趋势更有明显增加。他们这样的选择，正是用脚投票，"为生命寻找出路"的最佳明证。

我们财团法人贤德惜福教育基金会自 2006 年开始，至今已连续18 年每个寒暑假都带着学子们，深入北京、上海、天津、重庆等直辖市，以及成都、西安、兰州、桂林、贵州、内蒙古、沈阳、哈尔滨、广州、澳门等全国各地参与各类参访及研习活动，亲身体验、眼见为凭，年轻人用脚行走大陆的壮阔山河，用眼去比较观察这不同于台湾的蓬勃发展，用心去体会两岸其实没有什么不能跨越的藩篱。大陆经济建设与民生、社会等多元化发展的方方面面，让他们见证了中华民族伟大复兴进程的逐步落实。更重要的是，他们在生活与工作中体认到"中华民族共同体"的深层意涵,深刻体认两岸不仅一家亲,更是心灵契合、同文同种、血浓于水的亲。

他们在祖国大陆的城市与乡村中,感受到国家向上、向前的脉动。当然,当他们体会到"方向比努力重要"的时候,也就会用行动一步一个脚印,为自己的未来开启亮丽的事业、璀璨的人生。

"京彩台湾"访问了一群已在大陆工作发展的"精彩台青",在2023年推出的"心安之处即是家"30集系列短视频中,真实且鲜活地呈现了他们在大陆工作与生活的种种经历,影片生动表达了每位台青如何逐步融入、扎根大陆社会的印记,他们充分展现了两岸同胞血脉相连的真情实感,让我这个献身两岸交流工作二十多年的教育工作者也深受感动。

而这群"精彩台青"中就有六位来自台北大学的毕业生,都参与过我们基金会所组织的活动,更是让我这个做老师的深感骄傲且与有荣焉!至今,我仍可清晰回忆起他们每一位在课堂参与讨论的景象,当年的青涩、彷徨、焦虑,已经转换成今日职场上的专业、沉稳与自信。

台湾青年原来对大陆大都非常陌生、疏离,通常第一次到大陆都会抱着既好奇又忐忑的心情,从一无所知再逐次积极探索,而对大陆同侪也是由怀疑与冷漠,然后因接触而转成信任与亲近,并开始对大陆的崛起与发展产生莫大的关注与信心。

2015年,我们开始办理暑期到大陆民营企业的两个月实习,他们会毫不犹豫地在父母全力支持下踊跃报名，原因无它，只因来过、看过、感受过。

两岸关系根基在民间、动力在人民、希望在青年。我很欣慰地看到，这些年下来，在学长姐带领下，每一位台湾青年都能在职场上发光发亮，为自己人生翻开精彩一页。我为他们高兴、为他们喝彩，因为在他们身上，我可以看到两岸融合发展的未来。

祝福所有在大陆求学、工作、成家、立业的台湾青年！

台北大学教授　郑又平

2024年8月29日

目录 | Contents

一 追梦之旅
台湾青年在大陆的奋斗与贡献

002　吴宜蓁：台湾姑娘扎根北京10年，"从没把自己当外人"
012　陈俊豪：谁说台湾青年不能送外卖？
020　顾立平：扎根大陆、见证两岸情深的学者
033　白馥萍：扬帆大陆，梦想启航
038　丁肇辰：北京让我体验了生命的不同可能
047　徐韬：跨海追梦，筑梦北京
055　汤雯喻：有国才有家，家在哪里根就在哪里
061　许丞莹：修合无人见，存心有天知

二 文化交融
两岸青年的心灵交汇

072　蔡琼华：世界在音乐中，得到了完整的再现和表达
079　马安妮：乘文史之舟，拓宽生命的边界
091　周士甯：以设计点亮城市　以艺术充实人生
099　简孟轩：选择北京，等于无限可能
112　杨保罗：以运动之道，传中华文明之美
119　张佑方：你的斑驳，与众不同
130　陈文成：祖国大陆是一个非常好的舞台
135　苏雍竣：视频分享大陆生活，坚定和平贡献决心
139　郑庭绎：希望有更多台湾青年来北京感受中华文化的美丽

三 亲情纽带
跨越海峡的温暖连接

- 144 邱庆龄：祭祖寻亲证同根，初心不改两岸情
- 157 王强、丁文蕴：幸福的两岸婚姻
- 166 李绍婵：无声世界中的两岸沟通桥梁
- 176 林锦葳：北京欢迎你，有梦想谁都了不起
- 184 吴若毓：从嘉义姑娘到北京媳妇
- 191 刘乐妍：大陆故乡情，心灵的归宿
- 200 栾晓芸：身体力行讲好神州大地上动人鲜活的中国故事

四 共筑未来
两岸青年的梦想与担当

- 210 林书任：从北大博士到大凉山"乡青"
- 217 朱承恩：深深期待和珍视两岸关系稳定发展，这是我的信念和每天工作的动力
- 223 李胤志：让患者看到光明是我的梦想
- 232 李浩云：来大陆的初衷是发展，世界上哪有随随便便的成功
- 239 连骏玛：大陆很多行业的发展，超乎自己原本的想象
- 243 丁翊凯：选择回到大陆发展，立志成为两岸之间的一座桥梁
- 249 蓝皓：从宝岛来的非典型清华博士
- 255 蔡云咏：扎实走好追梦、筑梦、圆梦路上的每一步
- 262 蔡宣萱：无论海角与天涯，大抵心安即是家
- 271 飞奔向北京

- 275 后记

追梦之旅

台湾青年在大陆的奋斗与贡献

吴宜蓁

台湾姑娘扎根北京 10 年，"从没把自己当外人"

作者·陈佳莉

"大概没有一个地方会像北京一样，给我提供那么多的帮助。"

镜头前的吴宜蓁拥有立体的五官，眼眸深邃，鼻梁高挺，祖籍杭州人骨子里的温婉恬淡和留学西方带回的热情开朗，在这个台北姑娘身上完美结合。

在北京创业的 10 年来，随着身边的大陆朋友越来越多，吴宜蓁喜欢跟他们学说各地方言，上海话、北京话、东北话……"我从来没把自己当作所谓的'台青企业家'，或者一个'外人'，我跟公司 80% 的同事一样，就是个'北漂'而已。"她开玩笑说自己更像是"东北版的台北人"，说话就喜欢直来直去。

从台北一路"漂"到北京，吴宜蓁的人生规划不断在推翻重构。

从美国读完硕士回国，她先是由台北到上海，在渣打银行工作，

一 · 追梦之旅｜台湾青年在大陆的奋斗与贡献

2023年8月，吴宜蓁在北京接受《环球人物》记者采访。（侯欣颖／摄）

后来又到北京，在法国兴业银行任中国区个人银行副总裁。事业巅峰之时，爸爸突然因患癌病故，让她重新思考人生的意义。人生另一扇新大门缓缓推开：辞职，创业，从零开始，她在北京昌平区扎根，搭实验室、建工厂，带着一批科研人员，投身生物科技领域。

"一个台北姑娘在北京创业到底有多难？"面对记者提出的问题，她一脸坚毅："创业的难不论在哪里都是一样，但大概没有一个地方会像北京一样，给我提供那么多的帮助。"

一切"从零开始"

2012 年，当吴宜蓁的朋友知道她要离职时，第一反应都是"疯了吧"。吴宜蓁问了 10 个人，10 个人都反对。

收入可观、职位光鲜、前途无量，彼时任法国兴业银行中国区个人银行副总裁的吴宜蓁，在金融领域小有成就，而这也是她一直钟爱的事业。要放弃这一切，进入完全陌生的领域，在外人看来难以理解。她甚至不敢告诉妈妈，直到 1 年后，妈妈才知道她已经辞去了银行的稳定工作。

从零开始，对于别人来说不可思议，但吴宜蓁并不陌生。

当初从美国求学归来时，爸爸想让她回台北家中的服装企业工作，她直接拒绝了。她在台北加入渣打银行，从零开始，从最基础的岗位做起。后来渣打银行内部轮岗，有两个选择，一个是上海，另一个是迪拜，吴宜蓁毫不犹豫地选择了上海。

"第一次到上海，我充满了好奇和憧憬"，彼时上海的私人银行刚起步，吴宜蓁看到了机会，一家一家银行做市场调查，热情高涨，"当时我觉得，自己这一辈子应该都会待在金融领域"。

几年后，法国兴业银行进入中国市场，礼聘吴宜蓁加入。但当时法国兴业银行在大陆地区零网点，对吴宜蓁来说，又是一场从零开始的"战斗"。作为法国兴业银行中国区个人银行副总裁，吴宜蓁仅用几年时间，便让法国兴业银行在中国完成了从 0 到 1 的转变，建立了内部制度，并创新了市场行销策略。其间，吴宜蓁屡获"最佳经理人"称号。

2009年，在事业攀上新高峰的时候，吴宜蓁隐约感觉到，以前几乎每天都跟她通电话的爸爸，好久没主动来电话了。她问妈妈，妈妈支支吾吾讲不出可信的理由。一着急，她买了回台北的机票。见到病床上的爸爸时，她不敢相信，这个一向意气风发的男人，被肺癌折磨得完全失去了往日的精气神。"爸爸从发现癌症到离开，只有5个月的时间。"突如其来的打击，让吴宜蓁一度崩溃，回忆起当时的情景，泪水始终悬在她的眼眶里。

处理好爸爸的后事，回到工作岗位，吴宜蓁情绪低落，好像完全找不到人生的意义。转年，一次偶然的机会，她结识了一位名叫李政道的骨髓移植配型和干细胞临床试验专家。

初听李政道谈起自己致力了50年的干细胞研究，吴宜蓁直言："什么是干细胞、周边血、免疫细胞……当时一句也听不懂。"直到李政道提到癌症治疗，仿佛戳到了她的敏感神经——"除了传统的开刀、化疗、放疗之外，生物治疗将是治疗癌症的另一个方向"。

如果生物治疗能给攻克癌症带来哪怕一丝曙光，吴宜蓁也愿意为了无数个像她一样——突然间失去父亲的"女儿们"，搏一把。她开始投资以李政道为首的科学家团队，密切关注生物科技领域的发展动向。

2012年底，吴宜蓁做出决定，辞去高薪稳定的银行高管职位，全身心投入生物科技研发领域。"科学家们可以管理实验室，但真正要把行业做大、做出系统性，需要企业管理方面的经验，这方面我有信心可以做到。"吴宜蓁希望"专业的人做专业的事"，科学家们搞科研，她就负责管理和运营。

李政道向吴宜蓁介绍实验室研究成果

从管理财富到"管理健康"

华丽转身，远没想象中那么容易。

美亚生物科技集团初创时，"排山倒海"的困难压向吴宜蓁。从高大上的金融行业，进入不被外界了解的生物科技领域，从有成熟系统、明确工作流程、熟练团队的欧系银行，到完全一张白纸的创业公司，其中的落差是天上地下的。

有段时间，吴宜蓁每天晚上回到家就开始打包行李，想第二天一早好飞回台北。结果，第二天一觉醒来，想放弃的念头又打消了，她把行李拿出来，继续工作。"这种情绪反反复复，一度就快坚持不下去了。"

一通突然打进来的陌生电话，最终让吴宜蓁不再动摇。

"对方上来就问我，能不能出钱救治一个孩子。"这样的要求，让吴宜蓁起初以为是遇到了诈骗电话。问清楚情况后，她才知道，电话那头是北京一家儿童医院的医生，可能在某次活动中拿到了吴宜蓁的名片。当这位医生遇到一个因为经济原因难以维持白血病治疗的孩子时，想到帮孩子打这通电话，寻找一条生路。

"当时完全没有什么伟大的想法，只是觉得，如果这个故事是真的，那个孩子就是跟我有缘。"吴宜蓁从外地出差回到北京，第一时间就去了那家儿童医院。

推开病房的门，吴宜蓁被"吓到"了。一间病房里6个孩子都得了白血病，小小的手臂上布满扎针留下的瘀青。医生电话里提到的孩子名叫浩宇（化名）。刚1岁多的小浩宇闪着星星眼看着吴宜蓁，完全不知道自己的身体状况有多糟糕。但浩宇的妈妈扑通跪倒了，说"如果不能继续治疗，孩子只剩3个月的生命"。吴宜蓁心疼到眼泪止不住地流，这跟她平日接触的世界完全不同，"活下去"是每个家长和孩子唯一的希望。

救回了一个小浩宇，病房里的其他孩子呢？吴宜蓁跟团队经过筹划，"美亚爱心小细胞"项目由此创立。10年间，这个项目累计救助了数百名白血病儿童。

"媒体报道说我救了这些孩子，其实是我要感谢这些孩子。"吴宜蓁说，"创业初期，在无数个我想要放弃的瞬间，想到这些孩子们想要活下去的眼神，想到他们的家长甘愿为孩子付出一切的决心，我就

吴宜蓁参加"美亚爱心小细胞"项目活动

觉得,自己遇到的挫折根本算不上什么。"

据吴宜蓁介绍,美亚生物科技集团目前在大陆的项目主要分三部分:一是亚健康的管理;二是细胞存储,即储存健康时的干细胞、免疫细胞;三是临床研究如何用细胞治疗癌症。

本以为生物科技领域与此前的金融领域完全割裂,吴宜蓁却慢慢找到了其中的相通之处。这种相通,不仅是管理模式层面,更多在于观念层面。

如今的人们在拥有财富之后,就想用财富来"养"健康。如何"养"?吴宜蓁的答案是建立"健康银行"。"在健康的时候如何储存你的细胞,比如说在没有生病的时候,防患于未然,先把健康的细胞存起来,一旦生病,可以自救,这个概念跟银行和保险业的概念非常相似。"

"帮台湾同胞打开一扇窗"

2015年，北京市昌平区政府招商引资，美亚生物科技集团将总部搬迁至昌平区生命科学园区，并在此建立了美亚第二家实验室。

"昌平区政府贴心地为每一个初创企业都配备了'服务管家'，输送服务包，帮助我们企业解决实际经营中的问题。"吴宜蓁面对人生地不熟的环境，对相关政策也是一脸懵。她庆幸自己当初选择把公司总部设在北京，"在北京创业10年最大的感受，就是'有困难找政府'"。

疫情缓解，吴宜蓁今年春节时回到台北。"好多台北的朋友约我，一见面好多问题就抛了过来。他们好奇我在大陆创业的环境到底怎么样，我遇到过什么困难，因为他们听说有很多创业失利的台商回到台湾。"

吴宜蓁反问："在全世界各地创业，哪里是没有困难的，哪里是能保证一帆风顺的？"

吴宜蓁跟朋友们讲了一个细节，疫情期间过年时，中共北京市委台湾工作办公室和昌平区政府知道她连续几年没有回台湾，就带着大米和鸡蛋去看望她。"当时我甚至有点哽咽，觉得他们真的像我的家人一样。"

吴宜蓁说，对于创业者来说，台湾是很好的地方，但大陆的机会比较多、平台比较大，只要你努力，只要你能融合进来，大陆会是一个很好的平台。

吴宜蓁能感觉到，其实很多台湾青年想要到大陆创业，但心里又

吴宜蓁（右二）在工厂检查产品质量。（侯欣颖/摄）

有些顾忌，不敢来。"根本原因是很多台湾同胞不了解大陆，他们甚至从没有来过，只是从电视上看到一点，并不是全貌。"

这些年，吴宜蓁邀请过很多台湾朋友来大陆。"他们下飞机时都觉得很惊讶，跟想象中很不一样，这里有现代化的交通工具、高楼大厦、灯火通明。"

早些年，吴宜蓁并没有投入太多精力在两岸交流上，她只觉得做好自己的企业就行了。但是，"没有大家哪来的小家"，这10年间，她受到很多大陆朋友的关心和帮助，让她觉得自己应该做些什么来回馈。

"除了做好企业，在两岸交流方面，我要扮演一个什么样的角色?"这是吴宜蓁最近两年常常思考的问题,"我想用自己的亲身经历,帮助台湾同胞打开一扇窗。从这扇窗户里,他们可以看到,在大陆创业到底是什么样的前景。"

被问到一个人在北京创业累不累,吴宜蓁没有急于回答,而是反问:"健身时跑步和赶火车时跑步,你觉得哪个更累?肯定是后者,根本上来说,还是心态决定的。"创业10年,吴宜蓁自认为"热情一分没减","创业第一天我是什么心态,现在还是什么心态,因为我觉得这是我自己选择的,也是我真正喜欢的"。

(本文原载于2023年第16期《环球人物》杂志)

陈俊豪

谁说台湾青年不能送外卖？

作者·周慕云

  陈俊豪，网名"台湾好 A"，是自媒体账号"台湾好 A 在北京"的主理人，也是一名因为送外卖火到国台办新闻发布会上的网红，更是一位身兼多职、坚信"爱拼才会赢"的优秀台湾青年。

因为爱情

  1991 年，好 A 出生于台湾南投，后就读于嘉义大学，"我的专业其实是学家具的，家具设计方面，我们会简单的设计，对材料有一定的了解，对家具要怎么做出来也有一定了解，但和木工师傅还是不一样，木工师傅是实战，我们只是学生而已，在家具厂都是做一些小小的东西"。在台湾上学期间，好 A 还获得了"优秀青年"的称号。

  2013 年，好 A 去法国做交换生，彼时他对未来并没有清晰的蓝图，只是觉得"这是很难得的去异国他乡体验的人生经历"。带着体验人生的态度去法国交换，却有了最重大的人生收获——认识了来自湖南常德的女朋友，也是现在的妻子。两人在法国的语言学校认识，女友留学毕业后来到北京工作，好A结束在法国的学习并回台湾服完兵役后，为了与女友相聚，也决定来大陆发展。

从2015年4月来大陆生活算起，好A"登陆"至今已快十年了。初来大陆，好A选择了和自己专业相关的家具厂——位于苏州的一家台资企业，但在2017年工厂要搬去广东的时候，因为爱情，好A毅然选择北上，"我们当时就达成了共识，为了我们感情的继续，需要我来北京"。

多么痛的领悟

来北京的生活并没有想象的那么顺利。经历过一段时间的求职，但结果并不理想，好A遂与朋友合伙在房山的良乡大学城开了一家经营水果切盘外卖的小店。但随后新冠肺炎疫情的到来，让水果店生意日渐萎缩，房租的压力也越来越大。好A开始认识到"创业如果挣不到钱，不如实际一点，做些每天有稳定现金流的工作"。

2022年1月30日，好A至今都记得这个日子，这是他成为自媒体博主的第一天。3个月后的4月30日，他关掉了店铺，开始全职从事自媒体工作。然而此时早已过了自媒体创业的风口，博主的收益并不可观。于是，好A想到了阶段性做外卖骑手来补贴家用。为此，他专门研究了几款大陆盛行的生活零售服务App后台，"注册了很多，终于发现美团的后台支持台湾居民居住证注册，申请成功的

好A在送外卖的路上

那刻特别开心！"当初为了送水果买的电动车也再次派上了用场，兼职外卖小哥上路了。

好A将送外卖时用摄像头记录的经历做成视频，一做就是上百期。在B站和抖音上，他的账号各有数万粉丝，单条视频阅读量经常过万。视频里他是外卖小哥最真实的样子，跟着他的视角体验北京的春夏秋冬，感受外卖小哥可能无法准时送达的焦急，体会骑手在适应平台规则中的无奈……好A与许多骑手一样争分夺秒，可还是经常延误。他发现就算有了导航，但如何抢在规定时间之内送达仍旧是一门玄学。此后好A逐渐意识到，"不论哪个行业都有干得特别好的人，他们都是时间规划大师"。送外卖的过程中好A也和自己对话，"你得跟你自己心中'贪'的执念去做一个平衡，如果这个单你送不了，就绝对不能抢，否则反而会影响其他单，就等于会白干"。

好A觉得"不去体验很多东西，你是不了解的，只有深度体验才有发言权"，没有体验的时候会觉得很奇怪，为什么难得进来的单，价格也比较高，还是没有人接？一次他闲来无事，发现一个订单无人去抢，他果断下手，结果七拐八拐，从柏油路走到水泥路，水泥路又变成了泥土路，越走越荒凉，直到眼前出现了一个光秃秃的工地，几个戴着安全帽的建筑工人站在门前边抽烟边盯着他。他这才明白过来，搞了半天，订单上的"项目部"那三个字就像一本《西游记》，谁领到了不是要翻山越岭，就是要历经磨难。好A瞬间就想起一句歌词：啊，多么痛的领悟！

接续祖辈寻根路

陈俊豪的名字里有个"豪"字，小时候家长喊他时都会亲切地说"豪哎"。上了大学之后，学长说一定要有一个绰号，俊豪就把父母对自己的昵称音译成"好A"，就此陈俊豪有了新的名字。

在2024年3月13日的国台办例行新闻发布会上，有台湾媒体记者提问称，近日一篇题为《一个台湾人，在北京送外卖》的网文被大量转发，虽说职业不分高低，但台湾青年"登陆"打拼创业却意外成为外卖骑手，请问对此有何评论？发言人陈斌华表示，"职业不分高低，台湾青年和大陆青年也应该不分贵贱。大陆有不少青年在当外卖骑手，台湾青年怎么就不能送外卖？当然据我了解，台湾青年在大陆当外卖骑手可谓少之又少，你说的这个案例应该是极少的。但

心安之处即是家 · 台湾青年大陆追梦记

不管如何，只要认真打拼，积极向上，都值得尊重"。

好Ａ就此一炮走红，成为了网络名人。但新闻发布会火了以后，好Ａ并没有刻意去维持自己的流量热度，而是回了台湾。在与妻子完成结婚手续的同时，好Ａ还做了一件特别的事——寻根，"我们家是福建到台湾的第九代，听说是福建漳州的金浦，早些年长辈有来大陆找过，但是一直也没找到，我现在想把这件事情接过来"。好Ａ的视频也发了他寻根的故事，"我不仅只是送外卖，更想在大陆寻找我家的第一代"。视频里好Ａ采访了试图来大陆寻根的陈姓长辈，发现传说中的"金浦"就是现在的漳浦县，然而族谱里的人都好几代了，很多人他都没有印象，难度非常大。但他没有放弃，仍然觉得这是一件有意义的、非做不可的事情，"只是可能需要多送一点外卖，多攒一段时间的钱，用来支撑到处奔走"。

寻根

"在闽南文化里，人们对祖先和家族都会很重视，所以台湾人也很想做这件事，有很多朋友也在寻根。所以我觉得如果去推动这件事的话，对于两岸之间的往来交流也是很有意义的。"在视频里好A还表示，如果之后有能力的话，也愿意通过自己的自媒体平台和在大陆生活的经验，帮助其他人来大陆寻根，"我不知道有多少人以前做过这样的事情，但我知道这是我非常想做的一件事"。

是素材也是人生

好A的视频得到了越来越多人的关注，他报名参加了首届"京彩台湾"两岸青年短片征集大赛，还获得了二等奖。他在发表感言时表示，"其实送外卖只是我的一份工作而已，是我深入了解大陆社会、融入在地生活的好途径；销售我视频所拍摄的家乡面，也是我的工作之一；我还是一名自媒体创作者"。

为了不让家人担心，好A会和家里人包括岳父岳母说，送外卖是他的兼职，主要是体验生活，给视频提供素材。虽然在北京生活确实有一定压力，然而他的视频里却充满了正能量，他甚至有一种使命感，"作为自媒体创作者，我希望能通过自己微不足道的力量，去分享两岸之间的文化与生活"，他更直言"好多台湾青年或者他们的父母会觉得到大陆来工作必须得高大上，必须光鲜体面，一旦有点什么挫折可能就觉得大陆不好了。但是谁说台湾青年不能送外卖？"

从一开始，好A就坚定要做一些生活化的内容，因为他知道，只有越贴近生活才越能打动人，"人家问我你喜不喜欢大陆？我的回

荣获首届"京彩台湾"两岸青年短片征集大赛二等奖后发表获奖感言

答是我喜欢在这边待着,我只有用这种正常生活化的内容,才有办法让没来过这边的岛内同胞觉得大陆的生活还不错。"

谈到未来,好 A 还会继续深耕自己的自媒体账号,也会将寻根进行到底,他也想进修关于导演和摄影的课程,拍一部关于大陆乡土民情的纪录片,因为这也是他喜欢的大陆的一部分。正如他在发表获奖感言时所说,"我相信,只要勤劳努力,靠自己的双手奋斗,每一位青年都会实现自己的人生价值"!

附：好 A 在首届"京彩台湾"两岸青年短片征集大赛颁奖典礼上的获奖感言

2024年7月3日，2024两岸青年峰会在北京中关村国际创新中心开幕，在当天下午由北京大学承办的峰会"青·历"分论坛上，举行了首届"京彩台湾"两岸青年短片征集大赛颁奖典礼。台湾青年陈俊豪（台湾好 A）的作品《在台南探寻太阳烤干的面条如何制作》荣获二等奖，以下为他的获奖感言。

各位领导，各位朋友：

大家好，我是来自台湾南投的陈俊豪，也就是国台办发言人曾经提到的在北京送外卖的台湾好 A，2015年4月份来大陆之后，就没怎么回台湾了，到今年也10年了。

非常感谢这次的主办方邀请我来参加两岸青年峰会，也很荣幸可以获奖。其实送外卖只是我的一份工作而已，是我深入了解大陆社会、融入在地生活的好途径；销售我视频所拍摄的家乡面，也是我的工作之一；我还是一名自媒体创作者，希望能通过自己微不足道的力量，去分享两岸之间的文化与生活。

我相信，只要勤劳努力，靠自己的双手奋斗，每一位青年都会实现自己的人生价值。谢谢大家！

顾立平

扎根大陆、见证两岸情深的学者

作者·王丽

"从明朝开始的上百年来，北京一直是世界文化的中心，展望未来几个世纪，北京更将成为人类文明的一个核心区。身为一个现代中国人，能够有机会变成一个"新北京人"，是机缘也是荣幸吧！"

世界广袤无垠，我们曾漫步其中，沿途的风景虽美，但心安之处才是家。顾立平，这位来自台北的学者，在中国科学院文献情报中心担任研究员、博士生导师，他的每一步都彰显着坚韧与稳健。2005年秋，他因一次北京之旅而决定在此攻读博士学位，到2012年正式成为中国科学院的一员，再到如今在北京安家立业，他始终扎根大陆勇往直前。他深知在这片土地上，处处都蕴藏着无尽的发展机遇，只要努力前行便能引领潮流、传播新知；即便不能引领，跟随他人亦能收获满满。因为每一次学习新知识，都是一次自我提升与进步的旅程。

一程改变人生轨迹的旅行

顾立平出生于一个富有文化气息的家庭，父亲是上海人，母亲是山东人。1946年，他的父母便随家人迁居至台湾。

十几岁时，顾立平曾跟随母亲和外婆回到大陆探亲。虽然那时的记忆已经模糊，但那段经历让他对大陆并不陌生，反而有了一种难以言表的亲切感。这段早年的经历为他日后在大陆的发展奠定了情感基础。

在德国求学期间，顾立平与大陆同学的深厚情谊成为他对大陆认知更清晰、情感更坚定的重要缘由。2003年，顾立平远赴德国和奥地利攻读硕士学位，结识了一些来自大陆的同学。他们的出现给顾立平的海外生活带来了家的温馨，在枯燥紧张的学习之余，大家相约品尝各种家常菜。这些美食成为了他们共同的文化记忆，不仅让他们感受到了祖国博大精深的文化，也更加深刻体会到两岸同胞共同的文化根脉和情感纽带。

硕士毕业后，顾立平萌生了一个念头——前往北京开启一段毕业旅行。北京，作为国家的首都，其深厚的文化底蕴和独特的现代魅力深深吸引着他。值得一提的是，家人都是图书资料管理领域的专家，因此当顾立平规划北京行程时，中国科学院文献情报中心——这个图书资料管理领域的佼佼者，自然成为他的必访之地。

参访过程中，在与文献情报中心的馆长张晓林深入交谈后，馆长对顾立平的专业背景和热情给予了高度评价，并询问他是否考虑在北京工作或继续深造。中国科学院的研究项目与顾立平的研究兴趣高

2005年在奥地利求学

度契合，他深思熟虑后希望能够在这一领域深入探索。父母很高兴并支持他的决定，"他们看好中国未来的发展，而且认为我是中国人，所以非常鼓励我回来读博士"。经过将近一年的专业准备，顾立平成功考取并如愿在中国科学院攻读图书馆学博士学位。

入学后张晓林成了顾立平的导师，导师十分关注他的学习和成长，并根据顾立平的研究兴趣，建议他将研究视角放在用户行为上，特别是要聚焦科学家的需求。在导师的指导下，顾立平开始访谈、问卷调查等研究工作，"这些研究为我打开了新的视野，我从中结识了很多朋友，并在不同领域获得了宝贵的经验，这是我人生中一笔重大的财富。"

一次海外引进人才的机会

顾立平博士毕业后，曾先后在香港城市大学和台湾大学图书资讯研究所工作。2012年，中国科学院正推动开放获取和数据权益等工作，需要外语能力强、具备国际视野且心向祖国的创新人才，顾立平在港台地区的工作经验让他脱颖而出。同年5月14日，顾立平以海外引进人才的身份再次回到大陆，就职于中国科学院。"我把港澳台地区的图书馆制度都研究了一遍，同时我又了解德国、奥地利等欧洲大陆国家以及美国和日本的图书馆情况，不同制度的差异各有哪些长

2009年博士论文答辩通过

短之处，我在外头都看过了。"顾立平坚信这些经历将对未来工作产生积极影响。

入职后，顾立平深耕开放获取和数据权益领域，深入了解研究所师生在查阅资料方面的需求和焦虑，进行大量的研究和报告写作，服务研究所师生更高效率地从图书馆获取资料和信息。期间顾立平参与举办了各种重量级的国内、国际行业会议，让他印象最深的是2014年3月国家自然科学基金委员会中德中心举办的一次中德间国际会议，会议邀请中德两国专家一起研讨开放获取等议题。考虑到顾立平熟悉开放获取方面的专业知识且具备德语优势，中国科学院安排顾立平全程参与德国专家接待和会议组织工作。同年5月，顾立

2014年在国家自然科学基金委员会中德中心做报告

平参与了全球研究理事会北京大会，负责科技信息政策研究、咨询与服务的核心工作。"这些经历让我更加深刻地认识到，这个平台为我打开更广阔的视野，提供更多的机会，有助于我发挥所长。发展空间的重要性不言而喻，如果留在台湾，我可能没有这样的平台和机会。"

2018年之后，顾立平开始专注于数据科学和人工智能在图书馆的应用。"我们的思路永远是以科学家为中心，研究工作的聚焦点在如何服务科学家，探索试验这些最新技术如何为我所用，能为科学家带来什么帮助。"中国科学院一直围绕科学家需求，紧跟科技前沿，浓厚的创新思变氛围引导顾立平不断学习进步、享受其中。

"文献情报中心是一个能够接受改变和改革的地方，我自己是一个比较年轻、有想法、善于表达和写作的人，同时对待事物也非常认真。中国科学院对创新变化的需求正符合我的性格和工作方式，这坚定了我在北京工作发展的决心，让我有一种安定的感觉。"

一桩幸福美满的两岸婚姻

"我求学、成家、立业都和文献情报中心有关联，我对这个地方的感情很深。"顾立平妻子也是中国科学院大学的博士生，两人在文献情报中心认识，育有一儿一女，如今一家居住在北京，生活恬淡且幸福。

"我们是两岸婚姻，我太太来自黑龙江，中国最北的地方，我则来自台湾，偏东南的地方，我们融合了南北方的文化差异，在生活中产生许多乐趣。例如疫情期间，妻子带着孩子们去逛市场，小朋友特别想养小宠物，看到市场里的小鸭子可爱又柔软，就把小鸭子买回了家。""决定要养它就要好好养"，到现在，顾立平一直承担着照顾小鸭子的责任，与小鸭子形成喂养默契后，"它每天叫我早点起、晚上早点睡，有趣得很。"

父母在，不远游，游必有方。顾立平父母对儿子在北京发展非常放心。疫情前父母曾来北京看望他，当时顾立平带着父母参观文献情报中心，一路上无论是老师、学生、保安或街边小店的店主都认识顾立平，大家愉快地打招呼、闲聊，父母见顾立平生活工作的环境如此和谐友好，就像吃了定心丸，更放心了。

台北、台中的亲戚朋友们对顾立平在大陆的工作生活非常关心和好奇，顾立平总是从亲身经历出发，与他们分享在大陆的所见所闻。顾立平经常对他们说，"如果你有创新的研究，大陆能提供更高更适合的科研平台。大陆各地都在高速发展，各个行业都在进步，跟着大家一起努力，通过实践就能学到更多新东西"。

一张体会到"全过程人民民主"的选票

2021年，顾立平参与了海淀区人大代表换届选举，投票箱就设在中国科学院，"我是有选票的，我可以自主投票。"顾立平仔细研究了候选人的相关情况后投出了自己的一票，这让他感受到了作为公民的责任和权利。

一年一度的全国两会，是我国政治生活中的一件大事，是全过

2021 年参加投票

程人民民主的生动体现。今年全国两会召开之前，顾立平作为台胞代表之一，参与了一场台胞座谈会，并提出了一些意见建议。顾立平发现在两会上，全国人大台湾省代表团把台胞们在座谈会上提出的意见采纳后升华了再在大会中提出来，这让顾立平深刻体会了"全过程人民民主"。"我有表达的渠道，也有人充分重视我的意见，就像我们单位也经常听取大家关于学生培养方案、教职工考核等方面的意见，我觉得自己被尊重、被信任。以前我只是个看客，现在我融入了北京，参与了北京发展，我逐渐从旁观者变成了参与者。"

距 2005 年顾立平首次参访北京已有近 20 年，随着时间的沉淀，顾立平对北京的感情也愈来愈深。"我刚来北京那会儿，北京首都国际机场只有一个航站楼，之后三个航站楼相继投入使用，这两年大兴国际机场凤凰展翅连通八方，城市轨道交通、机场快轨迅速兴建和发展，中国速度让人惊叹。"而随着各类城市绿地、公共空间的提升，北京的城市环境更加宜居，居民们的精神文化生活更加丰富，顾立平认为自己居住在北京的幸福感不断增强。中国科学院图书馆前面有个公共篮球场，顾立平闲暇之余经常在球场打球，"我认识了很多朋友，有深厚情谊，有退休老人、个体户、公交车司机等等，大家在球场相聚，共享北京的城市公共空间，这种感觉非常好。"

习近平总书记在北京会见马英九一行时强调，两岸同胞有共同的血脉、共同的文化、共同的历史，更重要的是我们对民族有共同的责

2023 年参加国庆招待会

任、对未来有共同的期盼。在推动中华民族伟大复兴的伟大征程中，两岸同胞携手并进，正在共同书写属于他们的精彩篇章。

　　台胞顾立平便是这其中的一位佼佼者，他的故事见证了两岸同胞之间的深厚情谊，充满了奋斗和成长的榜样力量，顾立平在北京的发展故事，还在继续。

（本文原载于《台湾工作通讯》2024年第8期）

中国式现代化促使未来生活更加美好

作者·顾立平

这次参加 2023 在京台湾青年研习营，和老朋友叙旧、与新朋友交心，一路上收获满满。这次学习主要心得：让我看见了中国式现代化的现阶段成果，对于未来发展更有信心。

中国式现代化有明确的战略和清晰的策略，即明确的发展愿景、路线图以及如何实现的方法方案。雄安新区就是一个最好的例子，它是人类未来社会生活的各种智慧集成，比方说物联网、云计算、大数据、人工智能、区块链等这些新的信息技术和城市治理、城市韧度、城市发展指标相结合，这些都有很清楚的规划，我们也相信这样的一个新的都市，在可预见的未来会逐步推广到全国乃至世界各地。

那么，为什么我们有这样的信心呢？有三个理由。

从科技发展角度来看我国还会持续发展

目前我们都已经看到了登月飞天工程、深海探索工程以及邀请世界各国参与外太空航天站的大国自信，这种科技进步的变化，以及我国在沙漠、砾漠、近海、远洋、高原、峻岭的基础设施建设上面，有着举世瞩目的各种重大成果。这些信息技术和社会治理的不断迭代更新是有目共睹的，所以我们很有信心。

德不孤，必有邻

最近刚刚结束的"一带一路"峰会，全球有140多个国家参会，大家共同探讨怎么样能够共赢互利，怎么样能够共同发展。所以我们非常有信心认为像是雄安新区这样的一种现代化、智能化、未来化的都市，将来会有广阔的空间，会在整个欧亚大陆上繁星闪耀、连点成线、交线成面的连接铺开和广布。这就带来了新的发展机遇，有新的发展空间，有新的空缺等着填补，这当然就更有信心了！

方向正确、人人愿意为之奋斗努力

中国式现代化高瞻远瞩，从五大理念中提取两个来说。一是中国式现代化是人口规模巨大的现代化，是为了广大人民群众的福利。中国有14亿人口，全世界有将近75%的发展中国家，大家都需要过上更好的更美满的幸福生活。这需要组织进行动员，通过这次参访，我们清楚看到了中国具备这种能力和取得的成果。二是中国式现代化强调的是要根据本地实际需求来逐步实现的共同富裕的现代化，所以能够团结人心，进一步能够吸引国外合作、共同繁荣。通过这次研习营第二天的专家讲座，我们知晓了这些成功发展的原因和逻辑。

总的来说，这次参访无论是看到雄安新区的建设，还是听到老师们的讲座，都有提到中国式现代化的重要内容，研习营结合实践与理

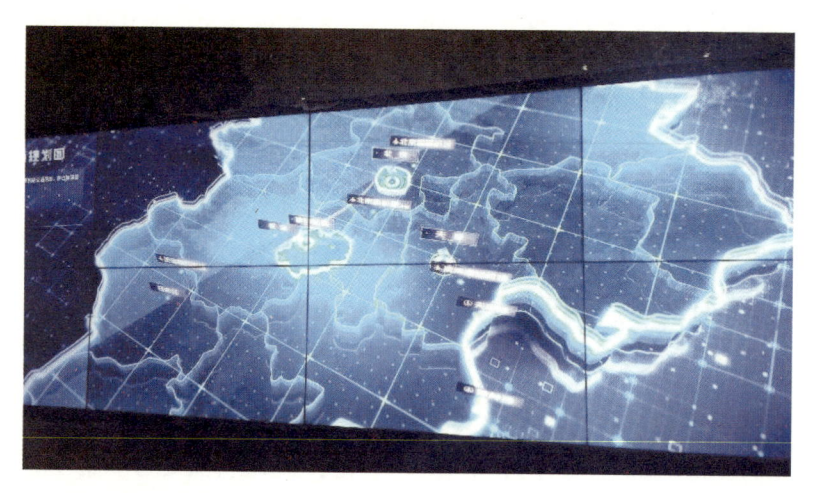

京津冀一体化建设影片

论，加深了学员们的理解。

下面我愿分享两点认识：

第一个是，我看到了还在不断努力的中国式现代化，充分感觉到这是一个可实现的，并且是需要共同参与的一个中华民族伟大复兴事业。

第二个是，作为台湾青年，我们当然也需要更加努力做好本职工作，呼唤更多台湾同胞加入这项伟大的建设当中，背靠祖国、无惧未来，面向世界、大展手脚。

所以，研习营里还有很多优秀的、更具潜力的、更有爆发力的台湾青年，大家一起努力、不负韶华，为中国式现代化作出自己的贡献。

（注：本文为顾立平参加2023在京台湾青年研习营的研习营心得。）

白馥萍

扬帆大陆，梦想启航

作者·马婷婷

放弃留美工作，选择来大陆发展

"其实在这片土地上，只要你有意愿过来，你愿意、你勇敢，然后够努力，都可以有很不错的前景。"来自台中市的90后台湾女生白馥萍，毕业之后便选择了来到大陆，来到北京。

2015年，白馥萍从台北大学毕业后，选择到美国波士顿大学攻读硕士学位。2017年2月，她从美国回来，选择加入北京和睦家医院。"当时我会过来实习，是因为有一个两岸的台湾实习生交流项目，医院在招聘实习生，问我愿不愿意去尝试一下，然后在7月份的时候，我就正式转为正职。"

"很多人问我，你都到了美国，为什么不留在美国工作？"对此，白馥萍解释道，她快要研究所毕业的时候，美国刚好结束了选举，特朗普当选美国总统，导致当时美国的整个氛围对于留学生来说不是

白馥萍

特别友善。"而我来大陆发展并不是冲动或者拍脑袋的决定。"她回忆道，自己在大学时代赴大陆交流过十几次，所以对大陆这片土地有一定的认识。在交流过程中，她也在大陆走南闯北去过了很多地方，见识到了不同的人文风采，并且还跟大陆很多的青年同学们进行了深入交流。这样的经历也使白馥萍越来越深入地认识到，大陆的社会和市场前景非常好，而且整个环境充满了挑战，机会也很多，非常适合年轻人过来，同时让她对自己的未来规划有了更清晰的认识，"世界这么大，机会这么多，未来我想来大陆发展。"在这样的规划之下，从美国毕业之后，白馥萍便毅然决然回到大陆，选择来北京发展。

北京和睦家医院院长盘仲莹笑着说，台湾女士温婉柔和可能是她们的外在，其实内心里面都是外柔内刚型的。"我们一共招了17个台湾实习生，其中应届毕业留任成为正式员工的已经有3位了，他们

白馥萍

在北京这样的实习经历,其实会影响很多台湾家庭。"的确,白馥萍在北京工作不到 3 年,便从医院的基层员工成长为院长助理。大陆的发展机遇及广阔前景也成为了最吸引白馥萍的地方:"我妈妈在台湾也是在医院工作,对于这样的升迁机会,她都觉得不可思议。"

大陆能够给年轻人带来更高更广的视野和格局,更好更快的发展机会

今年 3 月,台湾最新公布一项针对"80 后"的就业调查显示,

56%的台湾"80后"想离开台湾工作,有33%的年轻人首选大陆。而对于自己选择来到大陆,白馥萍认为最有获得感的地方,是日积月累地对大陆更清晰的认识,清晰是指从轮廓到内涵,一层一层由表及里的认识。"在台湾,其实年轻人想要深度认识大陆不太容易,信息渠道有限,信息质量也参差不齐。"白馥萍认为,通过亲自来到大陆,眼见为实,加上在北京工作生活的五年时间,能够更深刻体会大陆社会生活脉动、体制机制运作以及制度优势和自信。

未来,她也希望可以把这些所得所感用更精简好懂的语言,去帮助更多的台湾年轻人了解大陆社会的方方面面。白馥萍认为,对于

在首都机场给完成暑期实习返台的师弟师妹送行

在台湾的青年，他们了解大陆最粗浅的途径就是通过新闻进行认知，也有很多身在台湾的同学朋友经常向她咨询关于大陆的问题，比如想来大陆发展有什么样的求职渠道、这里的企业对于求职者有什么样的期待，甚至小到简体字怎么打、怎么读这样的问题，他们的认识和概念都非常模糊。"你透过帮他们解答这些很小很小的问题，其实就是在办实事，从这些小事来推动两岸青年的交流。"透过这些小事，白馥萍一直用自己的方式，帮助更多的台湾青年获取一些渠道，从而使他们从台湾到大陆可以有一个软着陆，少走一些弯路，少遇到一些困难，让他们更好地融入大陆，有更好的体验感和获得感。

"年轻人最缺乏的是格局和机会，最富足的是时间和勇气。"白馥萍说，自己用青春岁月和初生牛犊不怕虎的勇气来到北京发展，其实奔着的就是这个城市是祖国的首都、是国际交流交往的中心，能够给年轻人带来更高更广的视野和格局，更好更快的发展机会，是其他城市难以企及的，"这也是这五年来我在这个城市的收获，我选择来北京发展，包括我现在投身的医疗卫生事业，从各个方面给予我的机会和成长动力，都说明我的选择是正确的。"

近年来，大陆陆续出台系列惠台政策举措，"只要政策不断落实，通过台湾青年不断反馈，加上大陆有关职能部门不断改进，我相信整个综合条件、服务质量也会不断提升。"白馥萍认为，这些年大陆所出台的一些政策，包括居住证或者一些交流峰会、座谈会，都在用不同的、多元的方式和资源，去帮助台湾青年更好地融入这个社会。

（本文原载于《台声》2022 年第 23 期）

丁肇辰

北京让我体验了生命的不同可能

作者·鲁丽玲

卡通动漫、数字游戏、原创 IP……带你打破次元壁，这是北京数字娱乐节，由丁肇辰于 2007 年开始打造的一个游戏动漫 VR 狂欢平台，一个基于北京、走向国际的新媒体与交互设计节庆。

丁肇辰，北京服装学院新媒体系主任、教授、博导，生于台湾台中，游历欧美，现扎根于北京。很难用一个词定义他，学者、艺术家、设计师、社会活动家、专利发明者……无论哪一个身份，都不能涵盖中国文化对他思想与精神的滋养。

他是跨界"建筑师"，将时尚、建筑、设计、光影、剧场、数字、美学、游戏等领域交互串联，构筑起一个又一个"场域"。在这个"场域"里，不同背景、不同语言、不同文化的创意设计，和社会资源对接、碰撞、融合。他的心愿是，让世界创意更丰富，让人类生活更美好。

担任 2023 年北大艺术学院新年论坛演讲嘉宾，介绍设计马拉松乡村设计课题

走走弯路带来生活趣味

　　第一次见丁肇辰，是在一个秋日的中午，北京服装学院外的一家餐厅。当一位单肩挎包的休闲装扮男士推门而入时，直觉告诉我们这就是丁肇辰。黑色的棒球帽是他的标志，戴着黑框眼镜，眼神沉静内敛。入座后，我们开始了如聊天般的采访。

　　1990 年，22 岁的丁肇辰赴美求学并获建筑学本科和硕士学位；1994 年，手绘建筑设计稿获美国 AIA 建筑师协会竞赛铜奖；译作《工程师奇想》入选《中国时报》《联合报》等岛内媒体与诚品书局选书；散文《纸模子欧洲行》在台获得"文学艺术基金会"文学奖；

1999年建立全台第一个流媒体地图网站……这些看似不相关的领域，无不演绎他那颗"不安分"的心。

"我走了一条风景很好的'弯路'，跨界做了很多非建筑专业工作，更重要的是走过千山万水，最终来到北京，一待就是15年，让我体验了生命的不同可能。"丁肇辰表情舒展，为当初的决定开心。

2002年，作为台北实践大学媒体传达设计学系的教师，丁肇辰赴沪进行学术交流，这是他第一次来大陆。"上海很现代，很国际化，完全打破了之前的认知，我要看看别的城市。"丁肇辰回忆道。

当年的暑假，他来到了北京。"北京有非常现代的部分，东西方的现代艺术在这里都能生根发芽；北京也有非常传统的部分，脚下的一块砖头、手边的一捧泥土，可能就是千年的历史。现代与传统在这里融合如此完美，这本身就是艺术。"

2020年底疫情期间难得偷闲，和数字媒体艺术研究生相聚读书会

早在 1999 年，教育部、国务院台办、国务院港澳办、公安部联合发布了《关于普通高等学校招收和培养香港特别行政区、澳门地区及台湾省学生的暂行规定》。在政策支持下，2002 年，丁肇辰报考了清华大学美术学院信息艺术设计系，开始攻读文学博士。2007 年，作为北京市专项引进的高级人才，丁肇辰入职北京服装学院，并成为北京市在数字媒体设计专业引进的第一个台湾籍人才。2019 年，他负责的数字媒体艺术本科专业，入选教育部一流本科专业建设"双万计划"。前不久，以丁肇辰等五人作为带头人的"基于可持续发展教育理念的新媒体本科育人团队"，被北京市教委评为 2021 年北京高校优秀本科育人团队。

"我去过很多国家，国外有很多朋友，他们生活安逸。我在那里，无论成就多么高，但总是感觉缺点什么，一种无力感时刻困扰着我，可能家才是心安的地方。"丁肇辰足迹踏遍欧美各国，最后回到祖国，留在了北京。

在北京，丁肇辰找到了"海阔凭鱼跃、天高任鸟飞"的空间，"好奇＋探索"的艺术天性在这里彻底释放，他追寻梦想，搭建出生命的不同可能。

你来我往构筑设计桥梁

从小在台中长大，丁肇辰对台湾有非常深厚的感情，那是他生活了几十年的地方。家乡有哪些商店、每条道路朝向，他都能如数家珍。

丁肇辰很客观看待北京与台湾在中国传统文化方面的积淀与发展。中国传统文化在台湾保存比较完备，但现代化也在不断冲击、破坏台湾的文化沉淀。人口只有2300万的台湾，开展类似"设计马拉松"的创意活动号召力有限。但台湾文创设计起步早，1989年创建的诚品书店，创造了一种全新的生活体验方式。这些经验帮助丁肇辰在两岸间取长补短。

"大陆的开放程度越来越高，创新型人才的培养土壤在这里，虽然高校创意设计起步晚，但进步很快。北京既有国际视野，又有深厚的文化沉淀，资源吸引力强大。而艺术是大家合力完成的个人表达，碰撞融合才能创新发展。"丁肇辰分析道。

丁肇辰（右）陪同北京服装学院院长贾荣林（左）参观本科生毕业展

  2014 北京国际设计周，丁肇辰设计策划了"两岸青年助推计划"板块，助力海峡两岸的青年设计师加强交流交往、提升创新能力。据他介绍，"两岸青年助推计划"借鉴了台湾在设计人才培养方面的成功经验，通过赛事推广、创意培训、助推项目、报名支持等一系列活动，引导和鼓励青年设计师问鼎国际设计大奖。

  2019 年初，丁肇辰作为大陆组织者之一，携手台湾相关高校一起开展了京台青年创新创业大赛视觉识别系统设计征集活动，两岸 28 所大学的设计学子纷纷参赛。他回忆道，"仅仅一个月时间，便收到来自大陆及台湾共计 400 余件作品，其中不乏相当优秀、创意十足的各式 Logo 设计，我非常满意！同学们历时一个月完成的作品令我感到很震惊，用时之短及完成质量之高皆出乎我意料。当时非常希望每一位参赛选手都能获得名次，因为可以看出每一件 Logo 设计都是用心完成的作品。"

  丁肇辰至今还记得在活动现场给两岸青年的寄语，我的期望是通

京台青年创新创业大赛

过这个活动，能够让两岸学子彼此更加"互利互信"。"互利"，不仅仅是在经济上的交流而已，更重要的是两岸青年都从这次活动中增加对彼此的了解。此外，我认为"互信"也非常重要，要让两岸青年认同彼此是一家人，通过这种交流方式创造彼此间的默契和信赖，这样才能使两岸青年的未来更具有发展性。在丁肇辰看来，每一次活动都是一个契机，让两岸的优秀学子们有了更加深刻的沟通。

"'建筑师'首先要考虑社会需要，根据需要构建模型，然后落地实施。在两岸之间搭建艺术沟通的桥梁，促进两岸文化交流，尤其是青年交流，是我的责任，因为我是两岸交流的参与者、受益者，我也希望现身说法，带动更多的台湾青年到大陆发展。"丁肇辰认真地说。

时至今日，丁肇辰一直在为搭建两岸艺术沟通的桥梁、中国设计走向世界的桥梁而努力着。

推动中国创意之美

21天集结、11个国家（地区）、76所高校、3万观看量、300位工作坊报名学员……

这是刚刚结束的"2021设计马拉松"，一个极具创新性的国际设计工作坊。至今，已经成功举办六届。作为"设计马拉松"的策划者，丁肇辰发挥在时尚趋势、建筑设计、交互设计、数字娱乐等领域跨界沉淀的优势，搭建一个可以让来自世界各地的学生张开创意的翅膀，天马行空，进行跨学科、跨领域、跨文化设计创作的舞台，并让这些创意最大程度服务人类美好生活。今年的主题是"设计可持续的福祉",即"可持续的幸福感是在不再破坏他人、环境或未来几代人的情况下,为个人、社区或全球福祉做出贡献的幸福"。

"设计马拉松"仅仅是丁肇辰将中国创意之美带到国际舞台的一个创意。自 2003 年开始,他一直在学术交流领域引导大量的企业与学术人脉资源碰撞融合,与来自意大利、西班牙、德国、瑞士、英国、韩国和港澳台地区的学校代表交流合作,分享设计成果。

"我们国家自古就是传统工艺强国,中国人是有设计基因的,但是需要文化来支撑,对自己的文化有很强认同感的时候,设计就会回归。"丁肇辰分析道。

2009 年 4 月,丁肇辰将"数字娱乐节"带到具有 50 年历史的米兰设计周,在米兰达芬奇科学博物馆展开为期一周的学术论坛、工作坊、时尚表演、展览等活动,成功将北京服装学院的教学及国际合作成果呈现在米兰这个世界时尚舞台上。

2010 年,丁肇辰利用米兰世博会学术项目的机会,成功推荐 5 名北京服装学院毕业的优秀设计师到米兰理工大学,研读新科技纺织品大师课程,让中国青年设计师在国际舞台上,直接与国际设计大师面对面对话。2013 年,丁肇辰成为唯一在设计领域担任米兰理工大学全球学者的中国人。

中国创意走出去,传递的不仅是一种思维认知,更是一种生活方式,是对近年来我国经济、社会、文化等各领域发展的呈现。如丁肇辰所言,他是全球探索者,从美国到欧洲、从建筑设计到新媒体交互设计,接触过很多优秀的设计理念,但世界创意舞台同样需要中国文化的力量。不同文化背景、不同语言、不同思维方式的创意设计进行碰撞融合，才能让生活更美，让世界更美。

从台北出发，到欧美游历，再到北京扎根，丁肇辰每一个足迹，都在沉淀创意的养分，他将多年积累的宝贵学术资源带给身边的师生们，也将中国文化和创意带出国门，搭建中国创意之美全球绽放的舞台。

（本文原载于《台声》2022年第5期）

徐韬

跨海追梦，筑梦北京

作者·赵亮

**"你有多努力，就有多幸运！
特别是在大陆、在北京！"**

可爱、理性、博学、包容、讲究、执着、热情……这些都是同事和朋友们给徐韬的评价。这位来自宝岛台湾的年轻人，到底有着怎样的过往和远大的理想呢？这一期专访，我们走进徐韬的世界！

今年，是徐韬来到北京的第四年。"来北京之前，我的生活真是太精彩了！大学上了7年，换了2次专业，创业了3次，办过几个慈善组织，而且还做了几个App……我就是这么爱折腾，我总觉得我做的这些还不够，我就是想要改变世界！"满怀抱负的徐韬，在大陆朋友的影响下，四年前决定西进大陆发展。

其实这不是徐韬第一次来北京。上中学时，他就来大陆参加过几次夏令营，结交了很多小伙伴，还互加了qq，他特别喜欢这种形

> 我希望为这个世界再添一分美丽的色彩

自信讲述个人奋斗历程的徐韬

式的交流。最近徐韬还联系到了十年前在宁夏认识的小伙伴。"虽然很多年没有说话，但见到的那一刻，十年前的种种一下涌上心头，这种感情，对我来说非常珍贵！"

大学时，徐韬跟陆生的关系也特别好，能从陆生身上学到很多东西。但在认识鲍冠羽之前，徐韬从没想过把家搬来北京。因为他，徐韬放弃了硅谷的机会，来到北京。"没想到的是，那么大的北京，属于我的只有一间不到10平方米的合租屋。"

徐韬说："我们90后，从来不甘于成为某个企业的螺丝钉，我们要做一个真正能够帮助到社会，一个真正有价值的模式，所以没有比北京更适合创业的土壤了。这里有最给力的政策、最棒的营商环

创业路上的徐韬

境、最具活力的市场、最优秀的高科技人才、最多的创投机构和投资人。"在徐韬的开拓之下,2017年8月14日,小包智工在清华科技园成立。它是搭建企业、商家和工作者之间灵活就业、弹性用工的平台。2018年,面向大学生群体的灵活用工平台上线,清华科技园附近就有不少大学,"轻松找工作"的特点,一两个月内就吸引到近万学生用户。

创业初期困难重重,徐韬团队吃了不少亏,走了不少弯路,但对于理想的执着,徐韬从不含糊!"我坚信,灵活用工在发达国家已有相当高的比例,在中国也将是必然趋势!"之后的日子里,团队每个成员,每天一家店一家店和餐厅、酒店老板聊天,用最接地气的方式

小包智工初创期团队

了解市场需求，跑遍了北京所有商圈。也正是破釜沉舟的踏实调研，给了徐韬此后面对投资人的底气。

政府的好政策也让徐韬感受到了温度。"我是符合保障房的条件，但因为是台湾证件房管局系统不支持，错失了一次机会。后来咨询北京市台胞权益保障服务部门，得到了妥善解决。2019年9月，得知可以办理台湾居民居住证的时候，我第一时间领了这个证，感觉自己成了'新北京人'，非常有归属感和安全感，很多难题迎刃而解。"

徐韬的大陆合伙人鲍冠羽说："创业的本质是创新，创新是创业的灵魂。未来工作呈现碎片化将会是不可逆转的趋势，而这种趋势就是我们的巨大机遇。"徐韬表示，不仅是大陆，世界上也没有先例，

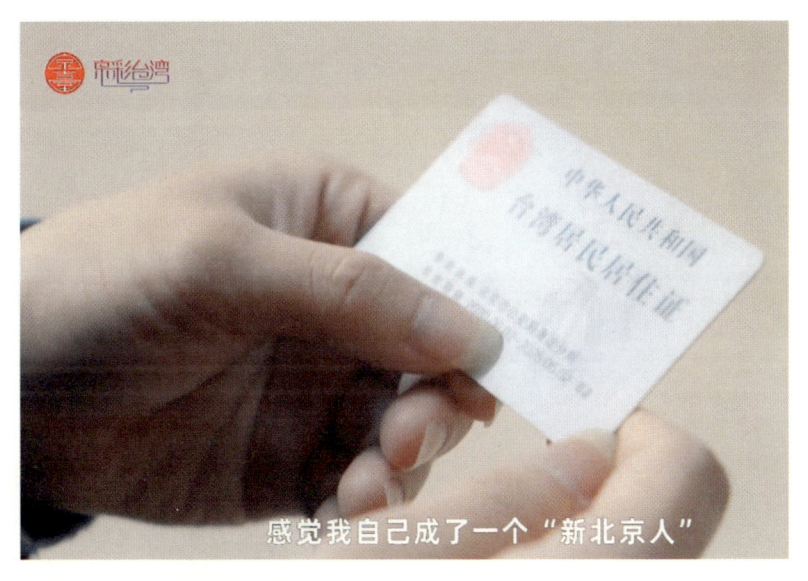

2019 年 9 月，徐韬领取台湾居民居住证

目前市场上还没有和小包智工完全相同的产品。

许多人之前都是打零工。在小包智工这个平台，中午可以去饭店当服务员，下午就可以接超市收银员的单了，晚上还能去 ktv 当服务员，比之前多挣不少。徐韬说："小包智工为蓝领及灰领工作者提供了便利。服务员、洗碗工、收银员、理货员，大家会认为这些行业相对低端。如何改变社会形象，改变大家对这些行业的印象，也是我的工作之一。我要让社会各行各业都更有尊严，都更体面。"

现在，徐韬团队汇集了一批来自清华、北大、台湾大学、南京大学等高等学府的两岸年轻精英。"我要做的还不止这些。"最近，徐韬团队在开发一款新的 App——京台通。它是面向在京台胞的综合信

工作中的徐韬

息服务平台。许多台湾同胞来到大陆，可能对很多政策不了解，又不知道该去哪里查，这款 App 就是想要解决这个问题。同时作为一个窗口，让台胞了解真实的大陆。"我希望通过自己的力量，促进两岸的全方位交流。"

历史不能选择，但现在可以把握，未来可以开创。徐韬说："我希望为这个世界再添一分美丽的色彩。"

如今的大陆，是一片充满机会与机遇的热土。徐韬最后说道："你有多努力，就有多幸运！我太相信这句话了，特别是在大陆、在北京！"

⑴ 不跨过这条海峡，
　你永远不知道世界有多大

作者·徐韬

习近平总书记提到我们有5个共同，共同的血脉、共同的文化、共同的历史让我感受非常深刻，但我特别要提到的是我们有共同的责任和期盼。我在台湾读大学的时候，和现在合伙创立公司的陆生认识。这一次马英九先生来访我特别开心，因为在马先生执政时有了两岸扩大交流的机会，也有了我与合伙人、一位来自哈尔滨的同学认识的机会。我们在中关村合伙创立公司这几年也得到了高速发展，还获得政府、社会和商业上的认可跟肯定，也获得了北京市政府颁发的就业创业工作先进集体的荣誉。

我们的创业历程更让我深刻感受到，两岸青年必须互学互鉴、相依相伴、同心同行，因为真的只有通过这样合作合伙去创业，在我们公司的发展路上就能够得到很多助力，而且我们有更多优势。习近平总书记也提到两岸青年必将大有可为，也必定大有作为，我相信通过我们自己的企业发展也能够实践这件事情。习近平总书记提到欢迎台湾青年来到祖国大陆追梦、筑梦、圆梦，我们相信"为两岸青年创造更好的条件"这件事在大陆是非常明确的。我自己就在中关村成立公司，刚刚我们也参访了中关村规划展览馆，感受非常深刻的是当中有好多我们自己的足迹，我每一次的办公室地点、我们所获得的投资人的基金、我们每一天所使用的产品，还有我们的客户和供应链，等等。不跨过这条海峡，你永远不知道世界有多大，来到大陆我才发现自己有多大的发展和空间。

最后做一个小结，通过这几年在大陆的创业发展，与大陆企业家还有大陆青年合伙和交流，我发现并且我也相信，只要我们两岸青年携起手来，一定能够在世界舞台上创造更美好的未来。

（注：2024年4月12日上午，"同心同行"京台青年座谈会在京举行，此文为徐韬谈习近平总书记在会见马英九一行时重要讲话的学习体会。）

汤雯喻

有国才有家，家在哪里根就在哪里

作者·鲁丽玲

"有国才有家，家在哪里根就在哪里。"坐在北京丽晶酒店的大堂里，汤雯喻的目光仿佛穿越了时空，带着历经世事的果敢与淡定。这是她第二次和笔者谈父亲汤士禧当年如何克服重重困难，将凤城食品从台湾带到北京。在这里，凤城食品与北京这座城同发展、共成长，在创新中坚守，在坚守中扎根。

漂洋过海来投资

"家里人当时都反对父亲到大陆投资，自从祖辈到台湾后，家人太久没有回来，虽然想念，但很陌生。"

汤雯喻的父亲抑制不住对祖国的眷恋，也看好大陆广阔的市场前景，20世纪90年初取道香港飞到山东、北京、上海等地考察。1993年，汤父最终决定在北京投资设厂，同时开面包房。同年9月28

汤雯喻

日，凤城食品（北京）有限公司（以下简称凤城食品）正式注册成立。当时的厂房在安定门，门店在西四——当年最繁华的商圈。初创时期很辛苦，每天的营业额只有700多元。汤父礼貌待客，诚实经营，再加上凤城食品独特的口味、过硬的品质，逐渐赢得了北京市民的口碑。半年时间，凤城食品成为北京响当当的品牌，有顾客跨越半个城市，从海淀远郊骑车跑到西四买面包。

随着改革开放和市场经济的发展，人民生活水平逐步提高，企业效益也越来越好。1993年至21世纪初期那几年，凤城食品迅速扩张，在北京的门店发展到20多家。汤雯喻回忆道，"这个时期大陆正在完善食品行业的标准和规范，当时父亲多次参加座谈会，针对食品行业的安全风险监测和评估、安全标准、生产经营等方面，提出了自己多年的思考和见解。随着食品安全法的颁布实施，食品行业经营更加有法可依、有章可循。"

那时，爸爸妈妈都在北京，汤雯喻每年暑假都会过来。在这里，她和弟弟妹妹成了地道的北京人，去少年宫学才艺、搭乘老式的北京公交、也坐过三轮车……儿时的很多经历都深深留在她的脑海中，成为记忆的一部分，如今，依然历历在目。

品着红茶，汤雯喻感慨地说："记得刚开始到北京时，首都机场航站楼只有T1，后来T2、T3陆续建成，现在大兴机场也投入使用。眼看着大陆的综合实力越来越强，北京的变化也日新月异，各行各业都在抢抓机遇，我们凤城食品自然也不例外。"

总有一种深情叫坚守

随着食品行业原料价格一路上涨、各种人力成本上升，特别是互联网经济高速发展，对实体店造成了巨大冲击，转型升级已经成为所有企业面临的共同课题。作为北京城市发展的见证者与参与者，凤城食品踏准经济发展节奏，积极挖潜增效，降低成本，走出了一条加工＋定制的道路。

2015年，汤雯喻接手家族企业的时候，父亲决定退出零售领域、专注食品生产的转型已经完成，北京20多家门店全部关闭。作为凤城食品的第四代掌门人，汤雯喻明白，二次创业的重任，落在了自己的肩上。

为保持企业平稳发展，汤雯喻在沿袭父亲的策略、面向大型公司

2021 年接受"京彩台湾"采访时讲述凤城食品来京经历

和超市进行订单生产的同时，深入研究市场形势，细分消费群体，针对儿童和白领阶层推出不同的产品。对大陆网购和微商的火爆，汤雯喻很冷静看待这一趋势，因为微商与网购本质上还属于零售。如果没有达到一定的规模，对于工厂生产而言，成本太高。虽然她开了企业的网店，但一直在观察行业拐点的到来。

为了保持地地道道的"古早味"，凤城食品的原料都按照在台湾的配方进行采购与制作，秉持家族食品"自我省求，不敢忘本"的理念，始终坚持纯手工制作。虽然这样会抬高成本，但也让家的味道愈久弥醇。

汤雯喻坦言："跟父亲差不多同一时间来的很多创业者，都已经回台湾了，我的一些同龄人也回去了。我们家能坚持到现在很不容易，做了很多的努力与尝试，为了心底的那份感情，和打造百年老店的执着，我们选择了坚守。"

万水千山不忘来时路

"我们的家族文化，有很强的凝聚力，这种凝聚力深刻影响了我，到哪里都不能忘'本'，忘记'回家的路'。"

汤雯喻出生在台湾一个传统家庭，祖籍广东梅县，客家人。爷

2021 年接受"京彩台湾"采访时与父母一起看老照片回忆从 1992 年开始到北京的过程

爷凭借客家人吃苦耐劳的创业精神，不但养育了八个孩子，还为汤氏家族在建筑和食品领域奠定了基业。在汤雯喻的记忆中，家里长幼有序，家教很严，尤其注重孩子们的品格培养，让孩子们从小就秉持"知礼仪、承家风"的传统。

跟随父母，也受益于北京对台商的政策，汤雯喻高中开始在北京读书，对北京的熟悉程度不亚于很多本地人。"父亲在这里奋斗了快30年，我的家人都在这里，这里就是我的家。"汤雯喻笑着说。而现在每次回台湾，她都会不由自主多看日历，哪天才是"回家"的日子。

烘焙，是在讲述食物的温度。随着时间与温度的糅合，食物散发出的味道温暖而治愈人心。两岸一家亲，是在讲述融合的温度。无论是血脉相连的亲情、命运与共的同胞情，还是共圆中国梦的民族情，都是带着温度的召唤，这是两岸交往、前行的重要力量。

两岸经济社会融合，有如烘焙，在合适的温度下假以时日，路越走越宽，心也会越走越近。汤雯喻用自己的经历，做了精彩的诠释。

（本文原载于《台声》2022年第5期）

许丞莹

修合无人见，存心有天知

作者·周慕云

凡为医者，性存温雅，志必谦恭，动须礼节，举止和柔，无自妄尊，不可矫饰。——（南宋）《小儿卫生总微论方》之《医工论》

见到许丞莹时，笔者脑海里瞬间冒出了这句话。《医工论》除被后世医家视为修身齐家之准则外，今日之医德规范仍可见其影响。作为中医博士，许丞莹也在求学和行医过程中践行着这一理念。

年少时的梦

许丞莹出生于台南，2007年考入北京中医药大学，从本硕博学习到就业，始终聚焦在中医领域，现就职于复星健康旗下卓尔荟门诊部，是一名深受患者信任的中医师。

提到理想，在很多孩子想要当科学家、却还不知道究竟什么是科学家的年龄，许丞莹就已经非常清晰地知道，长大后，自己要成为一

中医师许丞莹

名中医师。

　　这一切与她家庭的熏陶和童年的经历有关。许丞莹的爷爷从小就对草药有研究，"我们家有一味祖传秘方可以治疗蛇串疮（即带状疱疹），很多老家周边的人都会慕名而来，大家口耳相传，爷爷用祖传秘方治好了很多人，至今还会有人远道而来，就为了寻这贴药"。从很小的时候起，许丞莹便得以接触到草药，有时候爷爷还会带她一起上山采药，这让她对中医产生了浓厚的兴趣。

　　真正带领许丞莹入门的，其实是一位邻居，"有时候不经意的一步，真的会改变你的人生轨迹"。初中的时候，许丞莹家隔壁开了一间中医馆，她就经常去和邻居老中医学习，邻居也渐渐成为了"师傅"。许丞莹会利用寒暑假的时间到中医馆认识中草药药材，也会去旁听老中医授课，比在学校上课还认真。

"我从小就是中医受益者，中医是一套生活哲学，懂其道就能知道如何保持健康"，在这样耳濡目染的环境下，许丞莹对中医的兴趣与日俱增，她更坚定了自己要成为中医师的目标。

从40人到1人

许丞莹的父亲是一名大学教授，虽然没有从事任何与大陆相关的工作，但通过看书和研究，父亲一直告诉女儿大陆是未来的发展方向。"当年的港澳台联考，其实是爸爸帮我报了名，爸爸说，想要学中医就得来大陆，因为中医的根在大陆。"同年，许丞莹也参加了台湾的"高考"，但相比之下，仍然选择了来大陆求学。现在想起当时的选择，许丞莹非常感恩父亲指引了这样一条路。

来大陆前，北上广都在许丞莹的选项之中，但北京无疑是首选。除了对专业学府的向往，许丞莹认为，北京的文化底蕴深厚，这对学习中医这门与传统文化密切相关的学科很有帮助，"在这里，不仅可以学到专业知识，还能更深入理解文化根源"。

2007年，许丞莹成功考入北京中医药大学，迈出了追梦路上的第一步。本科时，北京中医药大学设有专门的港澳台班，一个班有40人。但5年本科学习结束后，只有5个人选择了读研继续深造，而决定继续走下去攻读博士学位的，只有许丞莹一人。

许丞莹博士毕业照

　　本科同班的同学，毕业后大多都离开了北京，继续从事中医工作的更是寥寥无几。零星几个仍在医疗行业的，也选择了更赚钱的医美行业，"因为中医这行经验很重要，刚毕业的医生几乎没有患者找你看病，有的人一年才两三个患者，那收入就很少，都很难养活自己，还需要家里资助，很多人就选择了别的路"。而在家人的支持下，许丞莹为了最初的梦想，一直在坚持。

年轻医生，也会看病

博士毕业后，许丞莹选择了留在北京继续发展。"北京给了我一个很广阔的平台，这里机会很多，医疗资源很丰富，有许多著名的中医院和研究机构；同时还有许多中医领域的专家学者，这都有利于我继续深造和研究。"

毕业后的第一份工作，许丞莹来到了同仁堂中医院。由于专业是主攻心脑血管疾病，许丞莹的患者大多是老年人。许丞莹觉得自己每天都在被"考试"，"中医这一行，长相年轻就会被质疑会不会看病"。很多老人一开门看到是个年轻医生，眼神中就都是不信任。就算抱着"来都来了"的心态坐下来，也不主动说病情，"只是伸手让我把脉，还好我对自己诊脉非常自信，我说的和他们的症状完全相符，他们才逐渐觉得，这个年轻医生，也会看病"。

修合无人见，存心有天知。许丞莹牢记同仁堂古训，一丝不苟研发药膳和养老产品。慢慢她的病人发现，这个医生不爱说教，而是更能站在病人的角度替他们想办法，帮他们解决问题。"大家都知道熬夜不好，但现在的年轻人工作压力很大，不加班或者早睡觉也许不太可能，那我只能结合实际情况，教他们容易实现的对自己身体好的方法。"许丞莹还会教患者如何健康点外卖，"医生需要跟患者一起配合，找出对他们而言真正个性化的方案"。

许丞莹在北京待过几家不同的医疗机构，但不管走到哪里都会有患者追随而来。有的老人子女不在身边，经常微信联系只是想和

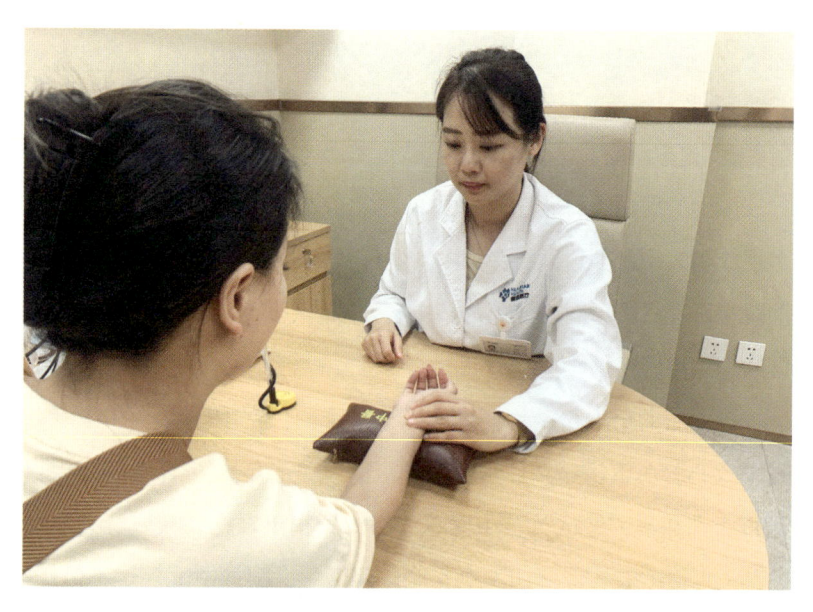

中医师许丞莹

许医生说说家长里短；有的知道许医生一个人在北京，端午节时还专门送来自己包的粽子；有的老人不为看病，只是时常问问许医生在哪里，最近过得好不好……这让远离家乡的许丞莹备受感动，就像在父母身边一样。许丞莹也通过工作认识了很多朋友，"现在在北京，大陆的朋友反而要比台湾朋友更多了"。

第二个家

从上大学到现在，许丞莹已经在北京 17 年了，"在来这里之前，北京只存在于地理和历史书上。后来到了北京，第一次去万里长城和故宫，发现那是书本上描述不出的壮观"。许丞莹现在已经成了一个地道的北京姑娘，完全融入了当地生活，说起北京的美食，她喜欢的有很多很多，喜欢吃涮羊肉、喜欢吃麻酱……

许丞莹渐渐融入了北京的生活后，习惯了只带手机就能出门，"移动支付，共享单车，还有电商购物让生活太方便了，回到台湾还需要带钱包出门"，反而不适应了。

"小时候，父亲一放假就会带着我去逛书店，那家店全部只卖简体字的书，刚开始很不习惯简体字及横排，这跟台湾的书不一样"，但从小就学习认识简体字，对许丞莹适应大陆的生活有很大帮助。"北京的文化氛围更加多元，既有深厚的传统文化，又有现代都市的时尚元素，这种碰撞很有趣。在这里掌握全球新的知识、新的视野会比较容易些，因为市场的趋势和变化都能在北京很明显地感受到，北京与全世界接轨。""现在，北京已经是我第二个家了"，许丞莹说。

"中医+"与中医传承

求学时期，许丞莹拜师北京中医医院名医吴春节（中医名家关幼波入室弟子）；在东直门医院做临床研究生期间，又师从被国家卫健委授予"第二届全国名中医"称号的郭维琴教授；博士阶段师承北京中医药大学李瑞教授。在多位大家的悉心栽培下，许丞莹对中医及其传承也有了更深刻的见解，"中医传承首先要传承古训，善读经典；也要与时俱进，与现代医学取长补短，各自发挥其优势，共同解决健

许丞莹参加台协青年会医疗健康活动（右八为许丞莹）

康问题；更要推广到国际舞台，与其他医学对话与交流"。

　　许丞莹平时也参与了很多两岸交流活动，大多都是与医疗相关，如医疗科普、社区义诊、健康讲座等，她希望能用自己的专业帮到更多的人。最近一次就是办在卓尔荟门诊部的北京台协青年会医疗健康活动，这也是许丞莹积极对接促成的活动，"因为自己也是医生，在北京也会遇到其他台湾同胞对于医疗健康及在京就医有很多疑虑，希望通过这样的活动，让他们知道在大陆也能有保障地就医"。

　　许丞莹开玩笑地称自己是一位"斜杠中医师"，因为毕业以来她先后在公立和民营中医院做过临床工作，也从事过医疗搭建及运营工作。她是同仁堂粹和药膳的核心研发专家，也是医学科普杂志的编辑，还是社区老年中医健康驿站服务规范的制定者……

这些丰富的经验让许丞莹思路更加开阔。"我们当代年轻的中医师需要多元发展，可以将自己的专长与其他业态进行结合，'中医+'肯定会有所作为，也能让中医理念惠及更多人"，这是她想对同样怀有中医梦的年轻人说的话。许丞莹一直强调，学中医不仅限于在医馆看诊，还有很多很多事情可以做。而两岸的中医领域交流，也可以从学术研讨迈向更宽广的领域，如养老和护理方面。"除了中医师在学术上的交流，护理师也需要同步交流。台湾还没有中医专业训练的护理师制度，但需要这类人才。这都是未来可以紧密交流合作的方向，我也会为此努力，把中医的文化继续传播。"

许丞莹说："我强烈推荐学弟学妹们来到北京追逐梦想。"因为在这里，她已经实现了儿时的梦。

许丞莹录制医疗科普视频

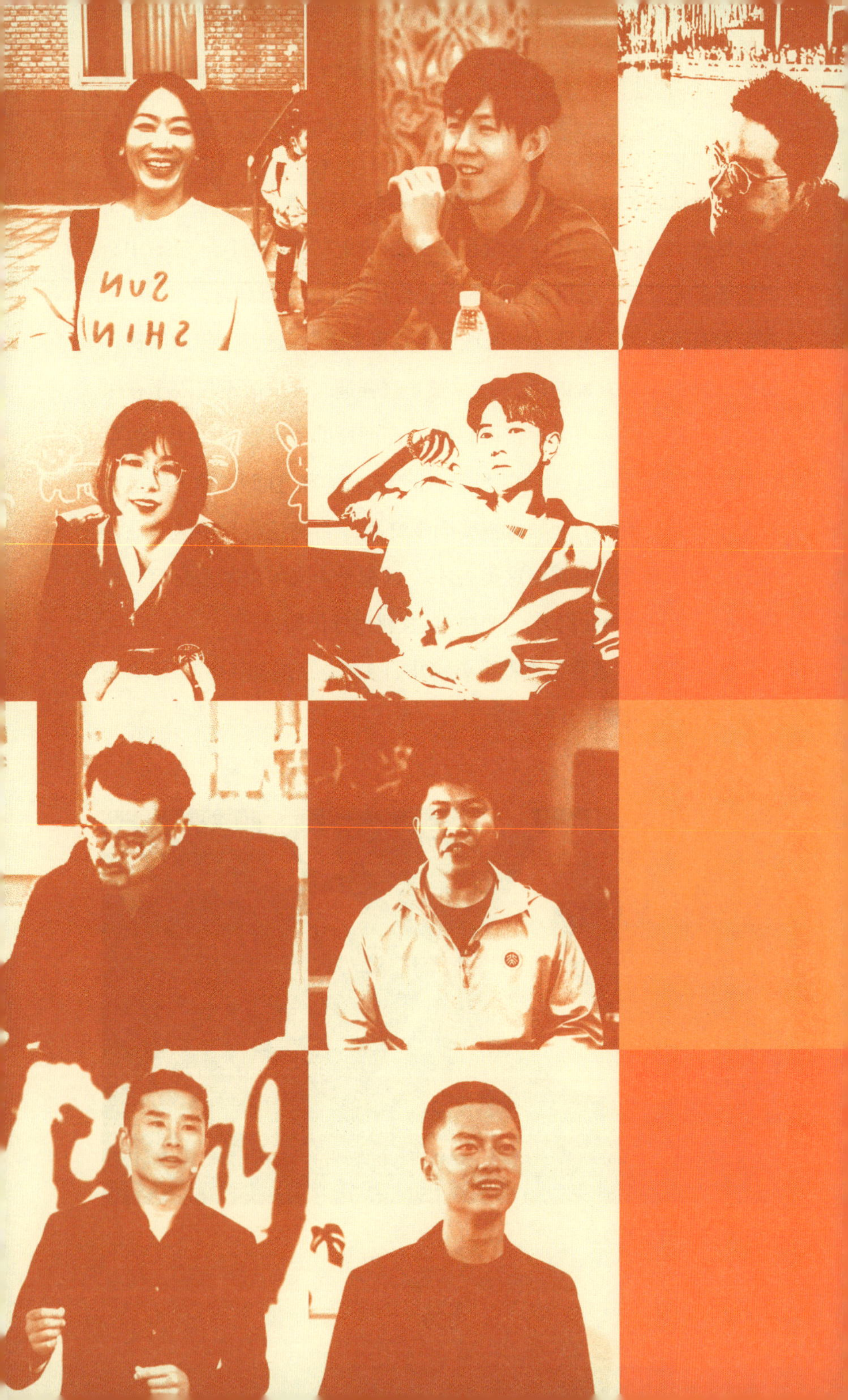

二

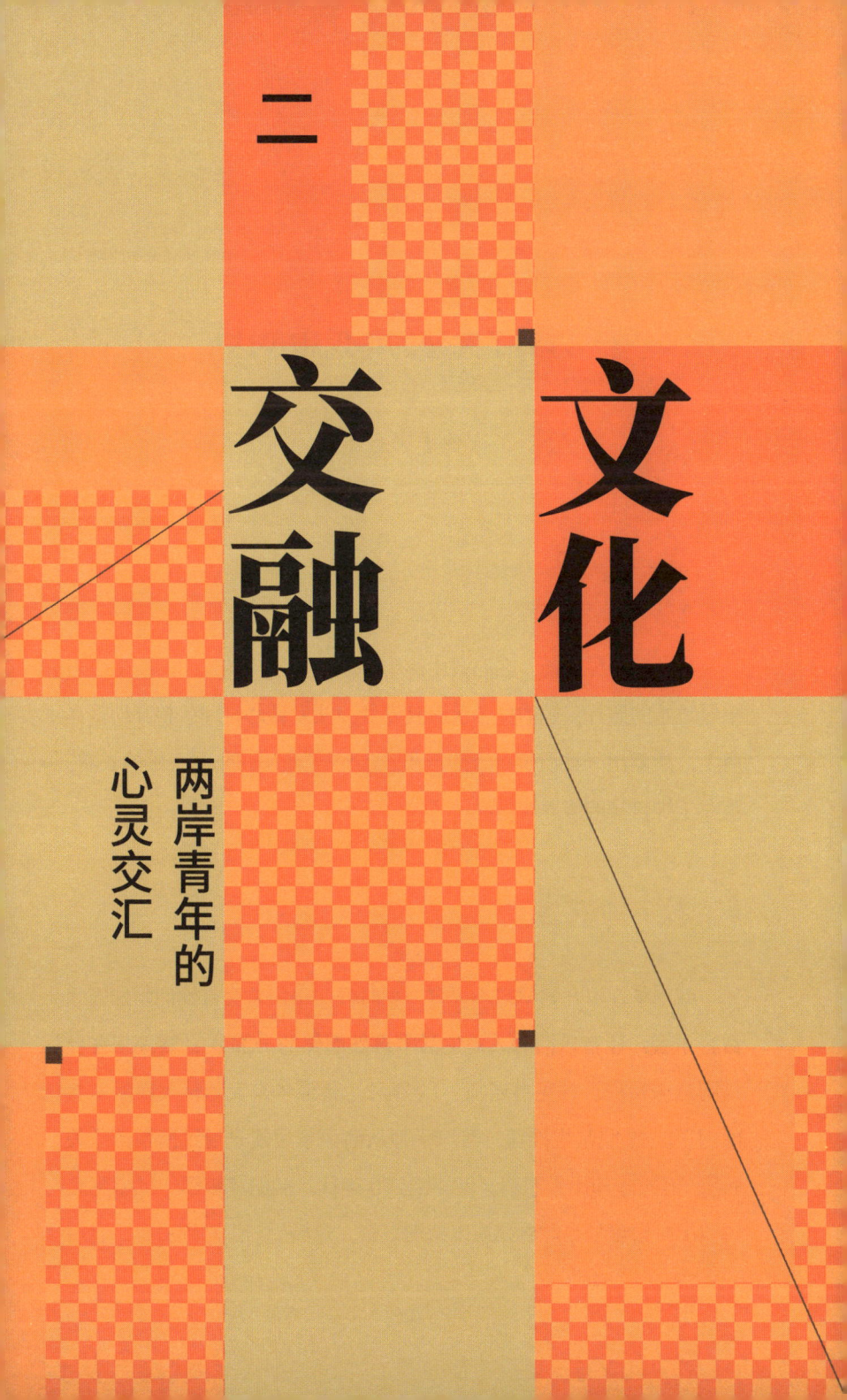

文化交融

两岸青年的心灵交汇

蔡琼华

世界在音乐中，
得到了完整的再现和表达

作者·赵亮

与蔡琼华见面前，在石景山区中小学生爱乐交响乐团的招生信息中看过她的照片，她的样子优雅且专业，头发精心打理后整齐地垂在肩上，透露出一种温婉可人的气质。这种气质不仅来源于她的衣着，更在于她自身的修养和内涵。

求学协奏曲

蔡琼华5岁开始学习小提琴，小时候父母经常会带她们姐妹去欣赏音乐会，让音乐活动成为生活中自然而然的一部分。蔡琼华在台湾师从朱贵珠、林克昌老师。14岁时，蔡琼华来大陆转入俞丽拿老师门下。按照常规推理，蔡琼华师从俞丽拿可能是通过所谓的"关系"，但实际却出人意料。20世纪90年代，俞丽拿带领一批学生赴台演出，蔡琼华当时看完演出特别兴奋，散场后马上跑到后台，直接

蔡琼华

跟俞老师说"我想跟你学习",后来俞老师在台北给蔡琼华上了几次课后,决定带她到上海。两年后,蔡琼华考入上海音乐学院。

说起学琴路上的趣事,蔡琼华笑道,"小时候练琴总被母亲揍"。当听到别人夸赞她在音乐方面有天赋时,蔡琼华总是很认真地说,"学音乐除了努力,最重要的就是来自家长的鼓励、引导以及坚持,家长们帮助塑造一个充满音乐氛围的家庭环境真的很重要"。

除了天赋、坚持外,"系出名门"也是蔡琼华取得今天成就的重要因素。朱贵珠曾担任台湾爱乐管弦乐团首席,当时其率领的"丹枫乐集"在台湾乐坛风靡一时。林克昌是印尼华侨,1959年来到中国加入了组建不久的中国广播文工团管弦乐团(后改名中国广播交响乐团,今中国爱乐乐团前身),担任音乐总监和首席指挥,同时又受聘担任中央音乐学院小提琴教授，1995年成为台北市立交响乐团音乐总监。说到俞丽拿，在业内的知名度更是如雷贯耳，1959年《梁祝小提琴协奏曲》首演，年仅18岁的俞丽拿即担任小提琴独奏并一举成名，其演奏的《梁祝小提琴协奏曲》唱片发行量多达一百多万张，是中国器乐唱片发行量最多、影响面最广的唱片。

随着学业的精进，蔡琼华心中的一个念头始终挥之不去，小提琴是起源于欧美的西洋乐器，无论如何应该去西方见识一下，俞老师也鼓励蔡琼华试一试。得益于扎实的基本功，蔡琼华16岁考入美国茱莉亚音乐学院Pre-College，高中毕业后进入耶鲁大学音乐学院，后来又到纽约曼尼斯音乐学院学习。茱莉亚音乐学院是世界上顶尖的专业音乐学院，马友友就是著名校友之一；耶鲁大学音乐学院是常春藤大学中唯一的音乐学院，获得录取的同学都会有全额奖助学金；曼尼斯音乐学院也是世界顶尖的音乐学院之一，如今活跃在大都会歌剧院及世界各地的音乐家们，不少都出自曼尼斯音乐学院。蔡琼华得益于全球顶级小提琴演奏家的接力培养，在国内外音乐节、室内乐及独奏演出方面积累了丰富的经验，当国家大剧院的招聘机会来临的时候，她就是那个"有准备的人"，顺利入职国家大剧院管弦乐团。

工作沉思曲

从小因为学琴的关系，蔡琼华去日本、德国、美国、加拿大、奥地利等很多地方学习过，工作之后去的地方就更多了。谈到为什么最后选择扎根北京，蔡琼华坦言当年在上海学习时就对北京充满向往，一直希望能来北京。后来在找工作的过程中，"一拿到国家大剧院的 Offer 就立马答应来了"。而此时的蔡琼华，除了记忆中对北京的憧憬外，作为一名专业音乐人，"我更看重北京在文化方面的发展以及底蕴，还有更多在音乐方面的表现及深造机会"。

看过蔡琼华演出的人都说，在演奏小提琴时，她的表情专注而认真，眼神坚定地注视着前方，仿佛整个世界都沉浸在她的音乐之中。在这样的环境中，她仿佛成了音乐的化身，用她的才华和热情，将美妙的旋律传递给每一个人。

与石景山区中小学生爱乐交响乐团零基础班的同学们在一起

除了日常工作，蔡琼华还利用业余时间担任石景山区中小学生爱乐交响乐团的辅导老师。其实在美国留学的时候，蔡琼华就已经在课余时间带学生了，在教学方面至今已有 18 年的经验。在她的海外执教印象中，"亚洲学生是让人印象最深刻的一群人，努力勤奋、聪明、反应快，身为老师，我发自内心的特别喜欢带亚洲尤其是华人学生"。所以当得到石景山区中小学生爱乐交响乐团的邀约时，特别是听到著名大提琴演奏家关正跃团长以及其他专家导师们说，要为石景山打造一个优质的青少年古典音乐表演及学习环境的时候，"我特别兴奋，希望结合自己在国家大剧院任职十年的经历，来帮助孩子们接触到更好的乐团学习以及演奏经验"。

爱的礼赞

蔡琼华在北京的根越扎越深，组建了幸福的两岸婚姻家庭后，不久就有了爱情的结晶。在谈到两口子的相遇时，蔡琼华直言"是机缘巧合，也是命运的安排"，"疫情期间他来我的小区开店，当时我的工作虽然受疫情影响，却'因祸得福'跟他多了很多相处机会"，有情人终成眷属。

谈到对北京的印象，蔡琼华觉得北京在硬件设施建设上一直都非常领先，尤其这几年不断有各个艺术表演中心的兴建，也一直都有各项配套措施及政策，鼓励成人及幼儿学习或接触文艺活动，孩童基本上人人都有才艺专长，让北京更充满丰富的文化气息。

2023 年 12 月 27 日起，北京城市副中心三大文化建筑——北京

与同事的四重奏演出

艺术中心、北京城市图书馆、北京大运河博物馆正式对公众开放，蔡琼华工作时间经常在由国家大剧院运营的北京艺术中心排练，对于艺术中心的硬件设施，蔡琼华赞不绝口。北京艺术中心的声学效果经实测达到世界顶级音质水平，蔡琼华引用国际友人的评价赞道，在此演出"就像遇到了一辆好车，音乐家们有一种想把马力开足的兴奋感"。

今年4月7日下午，中国国民党前主席马英九率台湾青年到访国家大剧院，马英九一行在观摩国家大剧院制作的瓦格纳歌剧《漂泊的荷兰人》乐队排练时，蔡琼华就在现场。那一刻，作为台胞的蔡琼华在为自己骄傲的同时，也希望能奉献爱心，为两岸更多的音乐交流而努力，"不管是已经有名望的演奏家，或是民间的文化团体，乃至学校间的青少年演出团体，都可以常来常往、互通有无"，以音乐为桥梁，为两岸一家亲奏响爱的礼赞。

马安妮

乘文史之舟，拓宽生命的边界

作者·马安妮

　　我是台湾青年马安妮，来自桃园，今年从北京大学历史学系2020级中国史方向本科毕业，已被录取为北大中文系2024级当代文学硕士研究生。曾任北京大学国际暨港澳台事务学生秘书处（国合秘书处）副秘书长、融媒体中心主任，燕园公寓服务中心学生自管会主席。

　　在校期间，我曾获北京大学三好学生、台湾学生一等奖奖学金、郑格如奖学金、杨辛荷花品德奖、社会工作奖、宝钢奖学金等。我积极参与两岸交流与文学活动，曾获北京市青年文学人才培养计划优秀学员。

　　我在国合秘书处工作已经将近四年，在课业之外，我也在国合的融媒体中心承担记者、编辑、剪辑师、摄影师的职务。本科期间，我撰写过、编辑过近百篇文稿，采访过来自五湖四海及不同文化背景的同学们，写下属于他们的北大故事，并在稿件底部留下我的署名。这份渺小却意义深远的工作将五彩斑斓的世界带到我面前，在这段匆

马安妮

匆流转的燕园岁月中，我是过客，也是记录者，我对接的每一位受访者、跑过的每一次活动现场都拼贴成我大学生活中的精彩篇章。在今年，属于我们的毕业季，我想写写关于我与北大的故事。

从台湾出发，圆梦史学

与燕园结缘是在 2018 年的秋天，高中班级组织了一周的北京参访活动，那是我第一次来到这座历史悠久的古都，在北京大学的未名湖畔漫步。在百年名校的一隅，我突然发现了人生的另一种可能性：

除了考上台湾大学，在家乡找一个待遇不错的稳定工作以外，或许，我也可以暂时离开熟悉的小岛，去更广阔的天地寻找真正热爱的事物。

于是，在疫情笼罩的2020年夏天，我收到了心心念念的北大历史学系录取通知，十八岁的我做出了一个艰难的决定，我放弃了台大历史系的录取，同时意味着也离开了安逸的环境与熟悉的生活圈，带着忐忑不安和期待，踏上充满不确定性的旅途。

初入燕园的几个月是不断成长与幻灭的过程，我发现来北京旅游和居住是两码子事，银杏树不只有美丽的金黄色叶片，还有会发臭的果实，北京多变的气温、干燥程度与让人焦虑的交通也大幅增加了南方人的生存难度。而我的大学生活，并没有想象中的午后在未名湖畔散步或阅读的闲情逸致，取而代之的是每日在学业、学工和生活琐事中焦头烂额地奔波。我也发现，挑灯夜战或许不能换来满意的绩点，但可能换来一次对自我能力的沉重打击。

来北大的第一年，我彻底从台湾学生轻松散漫的心态挣脱出来，学习大陆同学对待课业认真严谨的态度，去适应更有压力，也更具竞争力的校园环境，我也尝试着放下绩点的压迫感，享受新知识为生命拓展的厚度与宽度。放下对分数的纠结，我才真正地迈进了史学大门，去聆听前辈学者的教诲，去潜心阅读学术文章与史料，从中寻找值得怀疑或感动的只言片语。

在历史学系的求学生涯一晃而过，如今有种虚度光阴的愧疚感，想起来有好多书没看，好多史料来不及细读，被问起四年学了些什么，我一时也无法提供具体回答。但我记得许多快乐或痛苦的瞬间：为了妇女史作业去找一本极为冷僻的文集，告诉某位寂寂无名的清代

毕业论文答辩会合照

女诗人，几百年后，还有人读过她的诗词；为了社调论文每周组织小组会议，在意见相左的情况下，努力商定主题与田野调查的地点；为了毕业论文熬了几个大夜，啃完艰涩的文言文书信，终于完成论文写作与答辩……

并不是每件事都顺利圆满，但我总算在本科期间留下了一些成长的轨迹。我幸运地遇到了一位给予我很多帮助的好导师——我的毕业论文指导老师赵冬梅教授，也遇见了相互陪伴、共同进步的同窗好友。我也终于能对十八岁的自己说，感谢你的勇气与执着，让我收获了如此宝贵的四年。

在北大，与全世界相遇

上大学之前，我对精彩纷呈的学生活动充满期待。本科期间，我几乎将所有的课余时间都投入了学生工作中，"国合"更是承载了我四年回忆的重要符号。加入国合秘书处的契机是学长姐的推荐，我希望能在这里与港澳台的朋友相识，而新闻中心（后与新媒体中心合并为融媒体中心）则提供给我拓展兴趣、施展长才的机会，我发现了自己对文稿采写与媒体运营的热情，也在不同领域的工作中学习排版、剪辑、摄影等新技能。

于我而言，纯粹的文字工作并不代表枯燥乏味，文字背后蕴藏

国合秘书处老师及秘书长团合照

北京大学国际文化节大中华展区台湾摊位

着无限的想象力,也能再现记忆中的珍贵瞬间。在某些活动稿采写的工作中,我同时担任现场的记者与摄影,我便会思考同一个画面如何用摄影机取景,又如何用文字呈现,尽量最大程度还原所见所闻。在人物专访中,我也在不断尝试挖掘受访者最动人的故事,呈现他们最真实的感受,让读者通过我的文字看见闪闪发光的人物。在这些繁琐却十分有趣的过程中,我也累积了多元的活动经验,更结交了不同地区的好友,听见了许多独一无二的故事。

国合秘书处为北大学子搭建了一座与世界相遇的平台,为我们提供参与国际交流活动的机会,让我们向外开拓国际视野。在燕园公寓服务中心学生自管会(简称"燕窝")的工作中,我们着重于关注校内学生的需求，改善宿舍生活品质，举办面向全校同学的宿舍主题活动，例如宿舍提案大赛、美食 DIY、宿舍小组定向赛等，丰富同学们的校园生活。

在北大，学工是校园生活的点缀，也是提升自我、结交好友的机会。我由衷地感谢"国合"与"燕窝"这两个我付出了大量精力的学工组织，我在一次次采写稿件、策划活动的过程中找到自己的定位，也发现在"卷绩点"和躺平之外，还有更多让自己发光发热的选择。

情牵两岸，与文学相逢

本科四年，我时常踏出校园，去探索各地的风土民情，参与文化领域的交流活动。文学，就是填补我课余生活的重要部分。

上大学以前，我热衷于现代诗、小说等文体创作，曾获得台湾地区的文学奖。然而，对于文学创作的热情逐渐被学业压力消磨，本科期间大量的学术论文训练与新闻稿写作则更倾向于理性、客观、条理分明的叙事模式，虽然我一直不停在"创作"，却与"文学"相去甚远。

2021 年的暑假，由于疫情阻隔，我无法回到家乡。无意中我看到了中国作家协会"两岸青年文学之旅"营队的报名通知，抱着姑且一试的心态，我与阔别许久的文学重逢。那次旅行的成员大多是港澳台同学，也有内地（大陆）的朋友，在为期九天的营队中，我们走访了三座城市，在厦门朗诵舒婷的诗歌，在上海触摸张爱玲小说中的场景，在北京与诗人西川、小说家徐则臣交流，在旅行中阅读当代文

心安之处即是家 · 台湾青年大陆追梦记

两岸青年文学之旅团员合照

与作家周晓枫老师交流

学的记忆。

至今我仍然对那趟充满感动的旅途记忆犹新，两岸当代文坛交流并不频繁，作协的营队让我认识了许多未曾听闻过的大陆作家，更激起我对中国当代文学的兴趣。后来，我又参加了北方文学创作中心（现为北京青年文学协会）举办的文学青年创作营、网络文学大会、海淀读书讲堂等活动。同时，我也选修了中文系的现当代文学与创作类课程，并逐渐确立了未来攻读当代文学硕士研究生的目标。

虽然我仍然没能在大学期间成为一名文学创作者，但文学带给我许多触动与力量，给予我直面生活的勇气，更带领我走进城市、乡村与田野，跳脱出"知识分子"的同温层，去看见形形色色的人们生

北京市青年文学人才培养计划颁奖

活的侧面。我想，不论是文学还是历史学的研究者，秉持"人文精神"，关注社会，关怀民生，都是我们该承担起的责任。

踏上寻找意义的旅途

大四一年是我本科期间最忙碌的一年，从去年九月开始撰写申请材料、英语考试，到准备研究生面试、写毕业论文……一切尘埃落定已是六月份，在清空宿舍、整理行李时，我才终于有了毕业的实感。即使未来三年仍然在北大攻读硕士学位，但本科阶段的结束，似乎象征着从纯粹的学生身份向学术研究者的转变，我们需要更加理

与台湾朋友们一起拍摄毕业照

二·文化交融｜两岸青年的心灵交汇

历史学系毕业典礼

历史学系毕业典礼

性成熟，为未来做更清晰的规划。

这样的转变让我有些担忧，我不确定自己是否做好了全身心投入学术研究的准备，但我们就是在不断摸索与碰撞中寻找最适合的路。今年，我再次站在人生的十字路口，却做出了和十八岁时不同的选择，我的硕士研究方向从宋史转向当代文学，虽然同为人文学院，学科的跨度并不太大，但作为跨考学生，在基础知识和学术积累上更需加倍努力，查漏补缺。

暑假期间，我安排了长达一个月的国内外旅行，作为送给自己的毕业礼物。今年九月，我将重新回到燕园，开启一段崭新的旅途，以北大为起点，与文学相伴，或许前路渺茫，但我仍会坚定地前行。我曾听过一句话——生命本就没有意义，而我们要做的，就是去寻找自己生命的意义。我想，这些意义包含但不仅限于文学、历史学，或是校园中的知识，我们一直在寻找意义的路上，终将奔向更广阔的世界。

周士甯

以设计点亮城市　以艺术充实人生

作者·王丽

许多年后，面对自己设计的一件件作品和随之而来的赞誉，周士甯总会回想起儿时爷爷经常在地下室创作的情景。

艺术创作·传承

周士甯出生于艺术世家，爷爷是我国著名版画家、美术教育家周瑛，外公书法造诣颇深，父亲从事广告设计，受家庭氛围影响，他和弟弟从小就喜欢创作。爷爷在艺术创作中对中国文化的探索，潜移默化地影响着周士甯，周士甯总想追随爷爷的脚步，在创作上找到自己的语言。而随着年龄的增长，他越发想在传承和发扬中国传统文化上做点什么。

"我的外公沈友梅是宁波人，外婆是上海人。外公在台湾漂泊几十年，始终放不下故土和故乡人，中国有句古话叫'叶落归根'，90

多岁的他们排除重重困难,终回大陆定居。"回乡后,周士甯的外公一直致力于宁波和台湾两地文化交流和公益事业,这也是周士甯一家回到大陆的缘由。爷爷周瑛是福建长汀人,年少时考入福建师范专科学校艺术科(福建师范大学美术学院前身),后辗转到台湾,任台北师范学校(今台北教育大学)美术教授。"很奇妙的,多年后某一天,我才突然意识到,外公是'叶落归根',而虽然爷爷没有再回大陆,但却是'魂归故里',艺术家的灵魂,也就是他的作品,最后都回来了。爷爷说过,艺术家是'修来世'。"

周士甯出生于台北,6岁随父母回到上海,17岁远赴北美求学,在加拿大多伦多完成高中、大学学业,而后在美国哥伦比亚大学建筑、规划和历史保护研究所继续深造,29岁那年学有所成回到北京,深耕建筑设计行业至今。爷爷周瑛早期有中国书法篆刻碑拓的学习经历,在美术创作实践中杂糅了中国传统文化与西式美术的特点,即使画作一眼

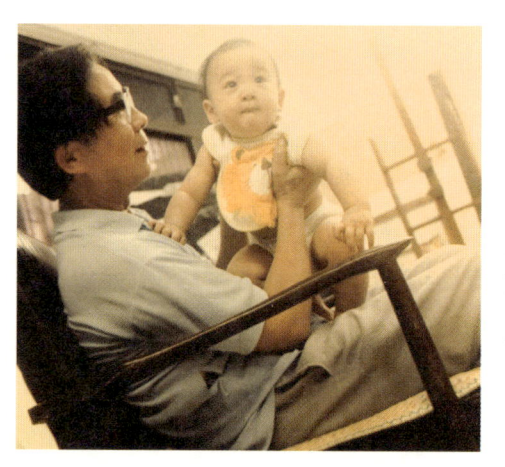

小时候,周士甯与爷爷周瑛在台北家中

1987年冬，爷爷周瑛携家人参加台北国际版画双年展

看上去很现代、很前卫，却处处氤氲着中国传统文化的气息。耳濡目染之下，周士甯在建筑设计实践中也试图对中国文化进行深入探讨。

2015年，周士甯一家特地回爷爷的母校为他举办《周瑛印记》回顾展，并捐赠25件珍贵作品——爷爷的作品回家了。以此为契机，同时举办了名为《山高水长，海峡艺缘》的台湾当代名家邀请展，展出的作品大都出自爷爷周瑛的友人和学生之手。周士甯认为，举办回顾展，不仅仅是圆了几代人的梦，更重要的是向大家展现两岸同胞血脉相亲、文脉相承、艺缘相通的亲情与温情。

周士甯一直追求"人与自然的互动"，也是在建筑设计领域对中国传统建筑文化"天人合一"精神的传承与发展。2018年，周士甯作为主要设计人，完成了河北省第二届园林博览会主场馆设计。主场馆有一个带有蜃景效应的前院，有一圈好像一年四季都下着雨的室内走廊，新中式园林建筑与自然景观的对话，让人瞬间从高密度城市中跳脱出来，回归自然，转化心情并感到治愈。

深耕北京·发展

2010年，周士甯参观上海世博会展馆后，萌生要深入思考中国建筑文化表达的想法。他想到了北京，2008年北京奥运会前后落成的一系列建筑作品，正是当时建筑专业学生关注的热点之一。划时代的设计理念，挑战极限的结构表达，超越过往计算机运算力的参数化技术，为北京这座"建筑博物馆"又增添了新的色彩，这正好为周士甯深入探索研究中国建筑的现代化表达提供了实践舞台。2011年，蒙学姐推荐，周士甯进入北京市建筑设计研究院实习，2015年，他正式入职，成为单位唯一一个编制内的台胞建筑设计师。

"找到一件自己热爱的事情，然后一直全力以赴。"这是周士甯的人生信条。初来北京的那几年，他居住在设计院单身宿舍，步行几分钟可到单位。办公室——宿舍的两点一线便是生活的全部，熬夜、画图、加班是家常便饭。有几次从国外返京，下飞机后甚至不调整时差就直接到办公室工作。见他如此拼命，领导几次劝他先回家休息好了再工作，周士甯笑道："让我的大脑先动起来，有设计可以思考，时差调起来才快。"

在北京工作的10余年间，周士甯从普通的建筑设计师做起，一步步成长为北京市建筑设计研究院有限公司建筑与城市设计院建筑所副所长。周士甯在各种比赛和评选中斩获无数奖项，2022年入选"北京青年设计榜年度十大精英设计师"，并获得"创意之星"称号。

北京是周士甯实现梦想的热土，工作生活在北京，他也见证和参与北京的发展。当谈到北京不断优化城市功能和公共空间布局，打

二·文化交融丨两岸青年的心灵交汇

周士甯（左四）被评为北京青年设计榜2022年度十大精英设计师，并获得「创意之星」称号

造各类城市休闲公园，推动绿色高质量发展、促进人与自然和谐共生等内容，他感慨颇深。他从事的建筑设计工作与新时代首都发展息息相关，在丽泽商务区城市运动休闲公园设计实践中，他与景观设计师共同互动创作，希望能创造出一种让使用者与自然对话的建筑设计，于城市绿洲中创造活力空间，这与城市管理者尊重自然、保护自然的理念相得益彰，这种融入北京发展的参与感和探索，让周士甯觉得很有意义。

2020年，周士甯步入婚姻，在北京成了家。太太来自浙江温州，毕业于中央美术学院版画系，是一名艺术家。两人在一次艺术沙龙中相遇，聊起版画艺术便相谈甚欢，因为有相同的兴趣爱好，情投意合之下便有了后来的故事。择一城终老，遇一人白首，大概就是周士甯当下的北京生活。

周士甯笑着说，我在上海长大，太太是温州人，爷爷老家在福建长汀，外公是宁波人，外婆是上海人。我和太太坐高铁探亲，发现

周士甯与夫人沙爽参加南京工业大学建筑学院园音讲堂设计前沿系列讲座活动

所乘坐的班次把这几座城市都串上了，我们家族被沿海的这条高铁线串起来了。

建一座桥·初心

周士甯依稀记得，高中准备申请建筑专业时身边有人问他："将来你想建什么？"他脱口而出："一座桥。"因为周士甯觉得缩短距离是件很了不起的事情。现在，十几年过去，他对"建桥"有了不一样的诠释，周士甯认为，桥，不一定是狭义的市政桥梁，也可以是沟通与交流的空间、渠道和平台。

周士甯在北京实习期间，组织了和哥伦比亚大学建筑学院的交流活动。当时，来自世界不同国家和地区的同学们、同事们称赞周士甯起到了桥梁作用，因为他熟悉中西方文化，中英文来回切换，游刃有余地将不同文化背景的人联结起来。2014年，朋友举办建筑设计相关论坛，也是通过他才联系到台湾一些建筑学院的学者。周士甯笑称，可能自己本身就是一座桥。

  有一次，周士甯携夫人回台北，两人偶然遇到一场展览，他惊讶地发现台湾设计师也在做乡村振兴的内容展示，其中包括台湾农民进行农产品包装、设计与营销理念、小乡镇产业转型发展策略等。周士甯说，原来两岸的青年设计师都在做类似的事情，通过设计思维，努力让人们过上更好的生活，我们在以不同方法思考共同的东西。无论是大陆，还是台湾，文化上同根同源，只是可能发展阶段各不相同，如果能搭建一座桥梁或一个平台，鼓励不同的输入和更多互动机会，更高的价值将被创造。

周士甯工作照

2016年,周士甯从北京回台北给母亲过生日

　　谈及未来的"建桥"计划,周士甯希望继续通过参与策展、论坛或沙龙等多元形式,搭建更多两岸青年建筑师交流互动平台,增进彼此业务交流与心灵契合。目前,周士甯正参与设计重庆乌江边的一个游客服务中心,这是他亲身经历着的乡村振兴实践,以设计助推当地旅游业转型升级,建筑设计的社会效应更加显著。"不久的将来,也许会在平潭岛上落成点什么,会是桥?会是艺术装置?还是独特的建筑设计?我还无法预测。但是我有信心,也十分期待通过设计,为沟通与交流创造新的可能。"周士甯望了望远方,若有所思地说。

（本文原载于《台湾工作通讯》2023年第11期）

简孟轩

选择北京，等于无限可能

作者·王丽

谈到北京生活，他娓娓道来，认为选择北京就等于无限可能。

谈到街舞文化，他侃侃而谈，希望街舞帮助儿童重塑自信，看见生命中更多的可能。

谈到两岸街舞交流，他意犹未尽，期望街舞带领两岸青年共同走向欣欣向荣的明天。

他是在京创业的台湾青年简孟轩，一名因街舞改变命运的舞者。

去云南山区支教改变人生轨迹

对简孟轩而言，自己接触街舞的过程非常特殊，童年时期，父亲生意上的变故导致家庭破碎，生活条件艰苦、自己无人照顾，生性贪玩的他混迹于台湾街头。一直到高中时期，学长教他跳舞，他才有机会接触到街舞。那时侯简孟轩很喜欢放学后的时光，他沉浸在街

简孟轩参加 2024 两岸青年峰会，分享创团故事

简孟轩参加 2024 两岸青年峰会，分享创团故事

舞的世界里拼命练习，一开始跳 Breaking 的时候，他一个动作一个动作去学习，一个个动作去突破和成长，当完成挑战性的动作时，简孟轩觉得很有成就感。

"那时候，街舞让我跟过去的生活有一些分别，在街舞的艺术熏陶里，我暂时脱离了原生家庭，家庭破碎和贫困导致我内心的自卑和害怕都离我而去。"从此，简孟轩逐渐自信起来，勇敢地去挑战生活，"甚至我觉得我开始有梦想了，敢于去追梦了。"

在简孟轩 19 岁的时候，云南山区有一个支教活动邀请他参加，希望他为山区孩子们跳街舞，丰富学校的文化生活，他很开心地报名了。"我就去了两周，虽然那里的物质条件不太好，但是我记得孩子们在跳街舞的时候很开心，很快乐。"有很多孩子因为跟着简孟轩学习街舞，变得很自信，甚至与他分享自己将来跳街舞要达成什么样的成就。"我当时就觉得我好像改变了孩子们对未来梦想的憧憬。"

回到台湾后，因为打篮球导致腿受伤，躺在病床上的简孟轩思考着："如果我的腿真的不行了，那怎么办？如果说我还能继续行走，我可不可以做一些有价值、有意义的事情？"简孟轩想到在云南支教的两周，"我觉得那是自己生命当中最有价值的时光，我发现我的街舞很有价值，街舞不仅给了我自己生命第二次机会，那两周的街舞支教也给当地的孩子带来快乐和自信。"简孟轩当时立刻决定了未来自己要走的路，"如果我还能走，我还能继续走，我要走一条不一样的路，我希望用街舞带给年轻人希望，给年轻人带来梦想。"

2010 年，简孟轩开始在台湾创办典跃舞团，致力于推广和发展街舞文化，如自己期望的那样，他看到许多年轻人因为街舞而改变。

但是当面对学生家长"街舞不能只给年轻人带来开心快乐啊,街舞能不能养活自己"的疑问,简孟轩觉得很受打击,他认为自己不能坐以待毙,于是他带领学员们去各个学校当外派老师,"我还记得我一个人,拿着计划书,一家家学校去拜访。"2014年,看到市场上还没有人做少儿街舞,简孟轩慢慢开始谋划转型,21PUMP少儿街舞社就孕育而生了。"'PUMP'意思是心脏的跳动,心脏跳动一下,身体就会被激活,我认为这是生命的节奏吧,我也认为"21"是灵魂的重量,也有个说法'21天养成一个好习惯',所以取名21PUMP的意涵是希望舞蹈能够带来优秀的生命品质。"

选择北京等于无限可能

"选择到大陆来发展,一方面当然有商业上的考量,我们希望能够为团员和老师们开拓更广阔的市场;另一方面,我们希望将街舞学习所带来的生命品质推广给更多的人。有这样的初心很好,可是一开始我不敢来北上广深这种一线城市,因为北京的街舞人才太多,生活成本又高。"简孟轩的团员们鼓励他要相信梦想,他们相信跟着他来北京"绝对不会饿肚子"。于是,简孟轩很谨慎地来到了北京,没想到一来就发现北京是一座令人惊艳的城市。

除了感受到北京经济规模大、街舞市场广阔之外,北京这座千年古都带给他的心灵震撼也很深刻。简孟轩认为,北京的文化气氛浓厚,全世界各地的街舞艺术人才汇聚,在北京创业和发展可以接触到丰富的文化艺术资源和机会,这是在台湾接触不到的。在北京参加

二·文化交融│两岸青年的心灵交汇

与北京舞蹈学院合作街舞教案编排

各类国际赛事，与国际街舞舞者交流，能更好地提升自己。

"北京也有很多优秀的艺术学校，我很开心我们的团队已经和北京舞蹈学院继续教育学院开展了街舞教材编写方面的合作。过去我们可能没有办法去想象街舞发展的面貌，但在北京，我们有办法去接触甚至参与其中。我发现街舞在北京，等于无限可能。"

从舞社立足北京以来，简孟轩团队一直致力于将街舞带进社区、带到学校，"这是我们推广街舞文化很重要的方式。"让简孟轩印象最深刻的是走进女儿的学校进行街舞表演，"我们不仅在课堂进行互动，还在运动会表演街舞，我们特别希望通过这样的活动，让更多人了解街舞，然后喜爱街舞，有机会参与到这项运动、这项艺术中来"，简孟轩开心地说。"我一直认为街舞是一种非常有感染力的艺术形式，它不需要宏大的舞台，它是一种面对面零距离的艺术形式，通过我们的演出，可以让更多人感受到街舞的魅力和活力。"

北京的生活节奏很快，挑战也很多，当然也就意味着成长的空间与机会，所以在北京发展，就意味着活力、挑战以及无限可能，这是北京让简孟轩觉得最惊艳的地方。虽然疫情给教学带来过挑战，但慢慢地简孟轩以及团员们适应了北京的生活和环境，"世界各地和全国各省份的人来到北京发展，让我不仅感受到北京的多元和包容性，同时也能感受到北京的温暖，以及发自内心的归属感。"

在陌生的北京站稳脚跟

目前，简孟轩的舞社共有 6 名团员，他们都来自台湾。"团员们当然愿意跟随我到北京，大家对街舞有着共同的热爱和梦想。在我们舞团创立之时，我带领了很多年轻人，他们可能是班上比较调皮的学生，或者是资源匮乏的学生，在台湾被称为边缘青年，我带着这群年轻人一起跳街舞，我们都对舞台有期待和憧憬，当然希望可以在北京这个更大舞台上展示自己。"

来北京创业之初，团队面临的最大困难是如何在北京这个陌生的城市站稳脚跟。人生地不熟，如何精准把握北京的市场需求、客户定位以及北京家长的教育理念，对简孟轩团队而言都是需要慢慢摸索并尽快适应的地方。"北京的街舞市场相当活跃，面对着众多非常优秀的培训机构舞团，我们要不断提高教学水平，提升自己的竞争力和服务水平，才能够更扎实地在北京发展。"

作为在京创业的台湾青年，简孟轩想告诉有意前来大陆创业的台湾年轻人，一定要有非常坚定的信念，明确自身目标。如果目标很缥缈，或者没有办法去坚持，那么来到北京后，创业过程中的诸多挑战以及起起伏伏就很容易把自己打败。另外要做好承担风险的准备，及时了解市场需求和行业动态，保持开放的状态，积极融入新环境。不要轻易去比较，就算会有一些落差，也要明白创业没有不辛苦的，要积极地拥抱这一切。最后还要善用这座城市的机会和资源，因为北京是充满机会的城市，勇敢尝试就能找到属于自己的舞台。

北京的文化底蕴深厚，简孟轩认为是非常适合安家的地方。团队中的两位团员今年刚结婚，他非常希望这一对能够在北京安家，

上海外滩的全家合影

"目前我们团员中还有两位男生，我就很鼓励他们在北京找一个伴侣，就会很理所当然地留下来，更积极地融入到北京的生活和文化，这也是我们所期待的。"

"很开心，我们一家四口都在北京，我的太太杜凯萱负责舞社运营工作；我还有两个女儿在北京的公立学校就读，老大简允晞10岁读三年级，老二简允乔7岁读一年级，她们都非常适应在这边学习。"

谈到子女教育，就像北京其他家长一样，简孟轩考虑得十分全面，总想为孩子提供更优质的教育环境。北京的教育让简孟轩很满意，女儿们就读的学校是小班制教学模式，一班就20个人，老师们在教书育人方面尽心尽力。校园文化丰富多元，孩子们来自全国各地，这也有助于孩子们接触不同地域的特色文化，拓宽了女儿的眼界。在北京这座国际化城市，国际化的教育理念和教育资源更能提升孩子们的跨文化沟通能力，"在北京学习肯定有挑战啊，但是压力可以良性地促进孩子的发展。"

街舞是消除偏见和分歧的文化桥梁

"街舞是一种具有强烈表现力和高度包容性的艺术形式，我想它在两岸青年交流中可以发挥独特的作用。"简孟轩坚定地说。这几年，舞社的小伙伴们经常跟北京的舞者一起合作，简孟轩觉得很有意思，不同的元素、不同的养分放在一起，可以创造更多、更丰富、更有趣的画面。

在简孟轩看来，街舞作为一种文化桥梁，超越了语言和地域的限

二·文化交融 | 两岸青年的心灵交汇

简孟轩团队在 2024 两岸青年峰会上表演

简孟轩团队在 2024 两岸青年峰会上表演

制，所以两岸青年如果能够通过面对面的线下交流机会，彼此分享各自街舞的经验和感受，这种互动带来的文化交流和思想上的撞击，有助于加深彼此的理解与认同，也有机会去消除偏见或误解。而街舞的组队表演需要成员相互配合与合作，如果能创造机会让两岸舞者共同训练、共同表演，进而激发出高度的默契，就能快速增进彼此间的友谊与合作。两岸青年间的默契合作也是激发创意和灵感的源泉，街舞有 freestyle 的特点，它很自由，不受拘束，这种自由发挥和表达，有利于激荡出全新的灵感和想象力，碰撞出新的创意和表演形式。

关于未来，简孟轩希望有机会组织两岸青年街舞交流活动，邀

在 2024 两岸青年峰会上，简孟轩及团队与市台办领导合影

请台湾的街舞团体或舞者来北京交流表演。或者在当下的网络时代，利用社交媒体平台，以街舞为媒，邀请两岸青年彼此分享街舞表演的创意和经验，哪怕只是简单的表演视频或教学视频，都是交流的一种体现，更好促进两岸的交流与融合。

"街舞在两岸青年交流中，就像盐巴，起到调和的作用。对我而言，街舞带领我从小开始转变自己，摆脱了自卑，朝更有生命力的方向迈进。我相信，街舞也可以带领着两岸青年共同走向欣欣向荣的明天。"

附：简孟轩在 2024 两岸青年峰会上的发言稿

各位嘉宾、朋友们，大家好！

我是典跃舞团、21PUMP 创办人简孟轩。

爱因斯坦曾说过："想象力比知识更重要。"想象力是未来，是无限的。我的故事并不轻松，因为小时候家庭的变故与困顿，我曾一度迷失自我。然而给我生命第二次机会的，是街舞。

15 岁那年，我正处在自卑的人生低谷中，我遇见了街舞，那是一个充满魅力的世界。街舞给了我希望和自信。我发现通过跳舞，我可以表达自己，获得别人的认同和尊重。这段经历让我明白，即使来自贫困的背景，我也可以拥有梦想。

2004 年，我带着对街舞的热爱来到大陆进行支教。在短短的两周内，我见证了大山孩子因街舞而展现出的开朗笑容。他们不再受限于艰苦的生活环境，勇敢地追逐梦想。这让我更加坚信，街舞有着深远的影响力，不仅能改变个人，也能改变整个小区。

这些经历让我确立了自己的愿景"用街舞成就他人"。从愿景看待自己，我们会愿意付出代价，并更加努力地去实践我们所期待的成就。更重要的是用愿景看待他人，让我们能肯定、相信、帮助他人去发现潜力并付诸实践。从对方的潜力及其未来的最佳表现来看待他们，而不是从对方的当前行为或弱点来看，就会产生积极的能量，像伸出手相互拥抱一样。

经常衷心地表达对他人的信心是非常重要的；对于那些正经历自我认知期的青少年、儿童，这尤为重要。当人们缺乏自信时，如果有人传达了对他们的信任，这个影响将非常深远。

各位朋友，让我们一起相信想象力的力量，追寻我们的愿景，不仅改变自己，也祝福他人。我希望通过"街舞"，让这个世界变得更美好。在这个世界上，每个人都有自己的故事，我想和大家分享我们两位老师的故事。

满怀热情的中宣进入大学，希望能够获得更多资源并学习更多技巧。然而因为背负着一些错误的标签，面对不均等的教育资源和看到其他优秀的同学，他感到恐惧。他开始怀疑自己是否真的够优秀，是否能够拥有梦想并实现它？

榕任生长在一个传统的家庭，从小热爱街舞。当他说出想要成为一位舞者的梦想时，总是伴随着父亲的不理解。他想对父亲说："放心，我会考上大学，我会展翅高飞。"然而父亲的期待、梦想与现实的挣扎，一直困扰着他，他深知必须付出实际行动。

跳跃，让我们更有温度。这些困难并没有成为两位老师追逐梦想的绊脚石，反而激励他们更加努力地苦练。他们坚信，每一次付出都是通向成功的一步。中宣拿到了许多冠军，他不仅是舞台上的赢家，更成为了家乡的骄傲。榕任在街舞工作中表现出色，尽管他的父亲未曾亲口赞美过他，但在朋友和亲戚面前，父亲总是自豪地介绍："这是我的儿子，他是一位优秀的舞者。"或许你也正在困境中挣扎，希望透过我们的舞蹈，能够激励你相信未来有无限的可能。

谢谢大家的聆听与支持，延续21PUMP的愿景，本月25号，我们将举办一场京台两岸的街舞交流赛事，希望将街舞的热情、能量传递给更多的人，因着街舞，我们能一起追逐梦想。

杨保罗

以运动之道,传中华文明之美

作者·鲁丽玲

2022年,台湾青年杨保罗,带着近八年的运动健身经验从上海转战到北京。在这里,他继续推广体育运动,传递健康理念,让更多的人成为更好的自己,更好地成为自己。

喜欢上体育运动的力量之美

杨保罗,今年31岁,出生于台湾台北。2004年,跟着父亲定居在上海,在这里读完初中、高中、大学。回台湾服役一年后,再次回到上海,开启了自己的职业生涯——健身教练。

拥有本科学历,保罗有更多的职业选择,但对运动的热爱,植根于他童年的记忆。4岁时,保罗第一次在电视上看美国NBA联赛,迈克尔·乔丹那种空中大灌篮的动作深深震撼了他。后来,只要有迈克尔·乔丹的赛事,他都会一场不落地观看,还会有模有样地

杨保罗

模仿。因为迈克尔·乔丹，他喜欢上篮球，喜欢上体育运动的力量之美。在台湾，保罗曾经拿过铁人三项第三名；当兵也选择最严格、动作难度最大的仪仗队。

对保罗而言，上海是品质的代表，经济繁荣，时尚高端。随着经济发展，越来越多的人关注生活质量，一批高端健身俱乐部应运而生，国际运动品牌也在入驻。再次回到上海后，"披上战衣，那将是我策马奔腾的地方"。那一刻，保罗的眼中充满了光芒。

在近十年的时间里，他都在用力量探索身体的极致。俯卧撑一口气能做130多个，握推120千克的杠铃10个，握推150千克的杠铃1个，引体向上35个，跑步机5千米可以在23分钟内完成……

这是身高 1.76 米、体重 80 千克的杨保罗在上海的体能训练记录。

保罗利用自己的身体优势，深耕健身领域，跃居全国顶级职业健身经理人行列，一度成为精英私人教练，指导过众多明星、企业高管进行健身锻炼。

成为更好的自己，更好地成为自己

在人类历史长河中，运动是人类超越自然并与自然和谐相处的探索，是心境与智慧、身体与自然的融合，是生命的升华。真正的运动，便是对生命的感知。

在生产力并不发达、战事频发、宗教氛围浓厚的铜器时代，古希腊人对具有超凡能力的英雄情有独钟。因此，成为拥有健美身材、智慧大脑和高尚品格的英雄式人物，就成了人心之所向。而奥林匹克运动将个体体能、智慧、意志、技术各种品质均衡地结合起来，成为迄今为止最为完善、优良的生活哲学。

我们智慧的祖先，在远古时代就开始通过探索人与世界的关系，在更大的维度上认知生命，创造出灿烂的中华文明。武术、五禽戏、气功、八段锦、易筋经等形式多样的锻炼方式，都是通过外部的锻炼"活化"内部的精神修养，通过由内向外的驰求，达到内圣外王，通过成己成物，从内在发掘这个世界。

保罗说，外在看，健身、运动是动作的完成，而内在发生的变化却是巨大的。当遇到困难时，躺平还是突破？运动追求的是过程还是结果？心态是淡定还是浮躁？这些哲学问题事关运动的意义，乃至

二 · 文化交融｜两岸青年的心灵交汇

杨保罗

人生的意义。外在的成功能成为更好的自己，内在的突破能更好地成为自己。这可能就是运动成为古今中外超越人类存在的价值。

"运动健身，为我打开另一个世界。在一次次探索身体的力量、速度、灵巧、耐力中，我理解了自己并成为了自己。"

传播中华文明之美

保罗说，乔丹是他的偶像，他也希望中华运动健身文化能让更多的人受益。带着这种使命，他需要做更多的事情。2022年，他离开已经生活快 20 年的上海，来到了北京。

保罗说，作为一个中国人，从小被教育学习传统文化，老祖宗的智慧早已与自己融为一体。在工作中，他将《孙子兵法》不仅运用在技巧训练上，也用在为人处世上，这是他能成为健身常青树的法宝。

在保罗眼中，北京是一个历史悠久、文化底蕴深厚的城市，她有着源远流长的历史和人文底蕴。北京成功举办了 2008 年夏季奥运会、2022 年冬季奥运会，成为全球首座双奥之城。这座千年古都将奥林匹克精神注入了中华文明的智慧与温度。

目前，保罗与北京朝阳的一家健身俱乐部进行合作，自己出技术与专业，对方出场地，推广健身项目，同时以运动、健身为途径展开文化交流，希望在国际舞台上传播中国精神、中国价值、中国力量。

"回家，才能落地生根"

国家兴亡，匹夫有责。保罗对祖国的挚爱，源于他体会了两岸分离的苦痛，祖辈的遗憾应该终结。

保罗祖籍湖南邵阳，此地是抗战期间最后一次大会战——湘西会战的主战场。太外公、太爷爷、爷爷、叔公都是黄埔人，先后参加了北伐、抗战。后来太外公和爷爷去了台湾，太爷爷和叔公则留在了大陆。一湾海峡，亲人相隔。随着两岸开放往来，台湾的爷爷守在心底几十年的愿望终于实现了——回大陆寻亲。

2005 年中秋节，湖南卫视《真情》栏目中，一位满头白发的老人正在吟诵《乡愁》,"小时候,乡愁是一枚小小的邮票,我在这头,母亲在那头……而现在,乡愁是一湾浅浅的海峡,我在这头,大陆在那头。"这位老人就是保罗的奶奶,那低沉、舒缓而深情的嗓音中,蕴含了无尽的乡愁与思念。

这不只是属于保罗爷爷奶奶的故事,也是无数想回家的台湾同胞的缩影。"回家才能落地生根。回家的希望,从未在台湾同胞的内心熄灭,鼓舞了几代人不懈地努力。"保罗说。

黄埔后代的使命

小时候,父亲会对保罗讲述黄埔人的故事,在保罗心中种下爱国的种子。当父亲发现台湾教科书篡改真实历史,否定两岸渊源时,将保罗带到了大陆,并送进了上海的风范初中。保罗说,那个年纪对大多数人来讲,还离不开母亲,但父亲说,正确的三观需要正确的教育引导,否认历史的教育培养不出顶天立地的中国人。

学校安置妥当后,父亲第一件事是骑脚踏车带保罗去苏州河畔看四行仓库。大门外汪道涵"四行仓库"的苍劲题字,让保罗印象深刻。之后,他们又去宝山路探访商务印书馆旧址。一路上,父亲都在对保罗讲述中华民族抗争史,讲述中华民族的伟大与坚强。那一刻,保罗明白了父亲的选择,也明白了作为黄埔后代,必须为中华民族的光荣与梦想,为国家统一自强和中华民族伟大复兴,前赴后继、继往开来。

在大陆,保罗努力奋斗,走上了自己的路,成为了自己,他更

杨保罗

想把自己的经验分享给岛内青年，让他们看到真实的大陆、真实的祖国。

保罗说，黄埔的故事提供了一个两岸共同的话语体系，虽然故事有些老旧，但却是一个帮助台湾年轻人了解历史、增进认同的渠道。未来他将会以运动健身为依托，开发以黄埔为背景的各类文艺作品，搭建起两岸青年文化交流的桥梁，让更多的台湾同胞找到自己、认识自己、成为自己。

（本文原载于《黄埔》2023年第5期）

张佑方

你的斑驳，与众不同

作者·鲁丽玲

来自台湾新北的张佑方，2009 年参加由湖南卫视与天娱传媒共同主办的综艺节目"快乐女声"，晋级全国 20 强正式出道。评委包小柏评价她，"还未开口，现场已经疯狂，她身上聚着一种未演先轰动的气势"。舞台上，快歌、劲舞、酷、帅成了她的名片。生活中，她却是用干冰制造满屋仙气的小女生。

音乐，只是张佑方探索世界的一个出口，不想停留在原地的她，总在音乐中发现更多的机遇。当初，她尽情挥洒青春的热情，做主持、做评委、登台演出、组建乐队、发行单曲，迎接粉丝的尖叫与追捧。如今，这个"80 后"女孩更愿意做生活的体验者，组建了自己的运营团队，进行幕后的音乐制作、音乐教学、视频运营……一路走来，丰富的个人经历和沉淀让她更从容、淡定和独特。一如她的成长，永远在多处绽放，从不单调也绝不暗淡。

佑方说，大陆是青年人可以追梦、筑梦的地方，在这里有无限的

张佑方

可能，一生能够活出好几生的精彩，前提是你能真正了解大陆。

你的斑驳，与众不同

2009年的夏季，空气中弥漫着萌动的气息。

那一年，快乐女声继承了前身超级女声的人气，再次成为选秀之王、流量鼻祖。佑方和朋友到南京旅游，此时的全国快乐女声300强突围赛在南京如火如荼，她心底的某个东西也被点燃。在朋友的建议下，她报名参加了南京的比赛。这一试跌跌撞撞，进入了全国20强。

二·文化交融｜两岸青年的心灵交汇

超级女声创造了一个时代，人们认识到原来明星不一定非得是科班出身，也可以是来自草根。李宇春、周笔畅、张靓颖、尚雯婕……这些名字家喻户晓。李宇春登上美国《时代》周刊封面，张靓颖登上美国哥伦比亚广播公司节目。

佑方说，在大陆，普通的女孩也可以发光。个人被看见，有梦想就会不平凡。她们成为了一个符号，是我们的向往。

为了实现梦想，佑方走上舞台，自我挑战。没有经过音乐的专门学习与训练，面对那么多强大的对手，她清楚自己的优势。佑方说，"在音域上，我属于中低音，为了搭配曲风只能选择男声高音的歌曲。在个性上，我从小就是个人来疯，好动、调皮，很多人称呼

张佑方参加音乐荣耀之夜演出合影

我为假小子。这是我与众不同的部分，所以，我选择了中性风格的造型，以及舞台表现，包括快歌、劲舞"。

一路走来，佑方感谢时代给予的包容，让在那个年代不同类型的人都有成功的机会。2009 年，Rap 曲风在大陆还未流行，但评委和场外观众对她的"说"唱开放又欣赏，"唯一同中求异的就是你，在风格上：说得很多，唱得很少，跳得很凶，错得很少"。

"评委和场外观众不仅是对音乐本身的理解与包容，更是对命运不低头的我们的支持。如《孤勇者》在耳边，'爱你孤身走暗巷，爱你不跪的模样，爱你对峙过绝望，不肯哭一场……你的斑驳，与众不同'。"佑方的感慨，真诚而有力。

大陆的变化日新月异，个人也能在有限的世界里创造无限的可能。如今，经历舞台的聚焦之后，她更愿意做生活的体验者，组建了自己的运营团队，进行幕后的音乐制作、音乐教学、视频运营。在台湾，她成为了弟弟妹妹们的偶像，他们觉得这是不可思议的人生。

脚踏实地与仰望星空都是一种生活态度

佑方的专业是经济管理，本准备大学毕业后回台湾帮父母料理生意，这次比赛，改变了她的人生航向——在大陆做音乐。

"我是老天眷顾的孩子，总是在人生的关键时刻，有'贵人'相助。"佑方回忆起过往的点点滴滴，"在学习音乐基础的时候，音乐专业论坛和贴吧前辈对我进行各种指导，包括需要学习什么、跟着谁学、哪里可以学,我慢慢摸索出一条自己可以走的路。我会根据网上点评选择合适的老师,跟着网上的教程,自己钻研,自己练习。很长一段时间,我每天从下午一点钟练到五点钟,嗓子哑了才停止"。

对佑方而言,朋友是她搏击海浪时的一叶扁舟,登高远眺时的一架云梯。当佑方在做音基训练时,他们会逐一听每一个音符,通过对发声、咬字、气息的指导,佑方感受到朋友的支持,这种支持是她一生的财富,更是她以后独自前行的勇气。

佑方的粉丝"西柚",不但关心佑方的音乐,也时刻关心她的生活。佑方说,"有这么多人喜欢,我需要做更好的自己,我去探索更

张佑方

多的未知，看看聚光灯后面是什么"。她力求全方位来理解音乐，理解音乐背后的故事，她开始学习音乐监棚与音乐制作，比如各种乐器如何搭配才能呈现更好的视觉听觉效果，与歌手沟通如何体会创作者的意图，更好诠释歌曲的精神内涵等等。

在北京生活了 7 年，佑方说，北京是一个藏龙卧虎之地，这里有很多深藏不露的艺术家，可能他不修边幅，随意放松，但当他听到你的音乐，立马能点出其中最核心的部分。最重要的是他们对生活、对艺术的态度，如此平静与淡然，做音乐就如同品一壶茶，云淡风轻。

脚踏实地与仰望星空都是一种生活态度，这种生活态度让佑方更多地去思考人生的意义。

跟着优秀的人，找到自己的光

20 世纪八九十年代，台湾娱乐行业进入了黄金时期。但随着岛内经济发展放缓，娱乐行业逐步式微。大陆娱乐业，包括音乐、音乐人、电影、电视剧、综艺市场规模等已经远远超过了港台地区，在国际上越来越有影响力。

身在其中，佑方深有体会。佑方说，台湾的综艺节目一般是微场景、小制作，在物质投入都不高的情况下，台湾是有优势的，但是随着大陆娱乐市场的崛起，资金永远是最重要的投入之一，这关乎品质。从《超级女声》《快乐女声》《奔跑吧，兄弟》到《乘风破浪的姐姐》《大侦探》，一个场景的投资可能都要上亿，这需要雄厚的资金支持。这在台湾很难做到，台湾、香港的艺人也在转向大陆市场。

经济高速发展后，精神的需求就变得很重要。这就是艺术发展的原动力。

从舞台美术来看，大陆的综艺品质越来越高，制作精良，娱乐性、观赏性与专业性都达到了顶级水平。在艺术形式方面，多元化、丰富化，以前只听流行，现在民谣、摇滚、迷幻都越来越被大众接受，社会的接受度与包容度越来越高了。

2019年，大陆以抖音、快手为代表的短视频火遍全球。在那些爆款视频中，背景音乐起到关键性的作用。佑方和伙伴想尝试更多的可能性，将音乐由舞台延展到网络。他们开始组建团队，进行视频平台运营的一系列工作。佑方说，未来，科技在助力内容创新和制作水平上的作用越来越大，每一个参与者都要适应这种变化，重新定位自己。

大浪淘沙的时代，佑方也恐慌过、迷茫过，那段时间她特别思念在台湾的妈妈，但最终还是选择留下来。这里有广阔的市场、更多的机会。很多大师，不仅在专业上，也在内在修为上给她精神上的滋养。跟着优秀的人，找到自己的光。

正气藏于胸

艺术是心灵的光，照亮思想的尘埃。看似无心插柳之举，让佑方走上音乐之路，但佑方却说，即使不走音乐之路，也会走诸如绘画、舞蹈之类的艺术之路。因为爷爷奶奶的影响，她小时候就能细

张佑方

腻地觉察到人的内心。

佑方的爷爷祖籍安徽，奶奶祖籍湖北，当年是坐最后一班船到达台湾。在台湾，他们日夜思念大陆，想回家。随着两岸开放往来，他们回到了安徽定居。佑方也随着爷爷奶奶来到了大陆，只有十多岁的孩子，特别想爸爸妈妈，然后又回到了台湾。

那时候，佑方很渴望爷爷奶奶也能够回台湾，但爷爷说，叶落归根人老还乡，是炎黄子孙的夙愿。也希望家人能经常回来，找到自己的根。中学时候，爸爸把佑方再次送到爷爷奶奶身边。

在佑方的记忆中，安徽的那些年是爷爷奶奶最开心的时刻，每逢

张佑方

假期都会到农村去看望九十几岁的太奶奶。去多了，村头的几条狗看到他们，都会老远跑过来摇尾巴。

佑方的姑姑是著名的设计师，在很多国家工作过，最后来到了香港、上海，直到爷爷奶奶离世，才回到台湾。身患癌症的爸爸，在安徽最好的医院度过了最后的时光，平静安详地离开了。他们都在践行"回家"的心愿。

爸爸是家里的长子，作为爸爸的第一个孩子，佑方被寄予了更深的希望。很小的时候，奶奶会让她背三字经、二十字箴言，给她讲忠烈故事。教之以爱，育之以礼，启之以智，导之以行，将中华传统文化的种子播撒在她心间。就是这种情愫，让她在亲人不在时独自留了下来，一住就是二十多年。

随着年龄的增长，经历的丰富，她越来越感受到，家是爱的起点。爷爷奶奶以深沉之爱回到大陆，以忠孝仁义之爱教养后辈，让他们无论走到哪里，都正气藏于胸。

中华文化已内化在我们的生活中

台湾音乐，无论是《龙的传人》还是《青花瓷》，每一部作品都有中华文化的印记，两岸割舍不断的血脉之情，源远流长。

2022年8月29日，第三届两岸文化名师对话之音乐名师对话活动在北京举办，张佑方参加当日晚间在中山音乐堂举办的两岸音乐人交流汇演出

清明时节，马英九先生来到大陆，除了返乡祭祖之外，带领台湾学生重温历史、与大陆青年面对面交流。很多台湾学生是第一次来到大陆，但与大陆青年之间很快攀谈起来，场面热烈、感人。台湾青年说：中秋节，我们都吃月饼；小时候，我们都背诵朱子格言；长大后，我们都读金庸。中华文化已内化在我们的生活中，塑造我们共同的交往方式。

如今，大陆乐坛已成为华语流行乐最大的市场，很多台湾音乐人早已来到大陆发展，无论从事创作还是教学，都与大陆音乐界实现了深度融合。台湾知名作词人、华纳音乐制作部资深总监易家扬也曾经说过，一首好歌多年传唱不绝自有原因，比如词曲搭配得好，诉诸人类的共同情感等。如今大陆新媒体平台发展迅速、综艺节目影响力越来越广，能让更多人与好歌相遇。

佑方说，在大陆生活了20多年，深刻体会到两岸虽然有共同的血缘和文化，但岛内还有很多民众对大陆并不真正了解，所以两岸需要更多的交流融合，相互取长补短，努力将中华文化传播、弘扬，在世界舞台唱出中华儿女最强音。

陈文成

祖国大陆是一个非常好的舞台

编者·赵亮（根据陈文成口述整理）

通过体育交流让两岸民心走得更亲更近

我叫陈文成，来自台湾彰化，目前是北京大学体育教研部的教师。我从本科就开始学体育教育，然后一路以来也就是喜欢运动，包含跑马拉松、骑自行车、游泳等等。

2012年，我在北京体育大学，应该是第一个台湾的学生，在团委成立了一个魔天球社团。这个魔天球是从岛内引进过来的，它是结合羽毛球网球跟棒球的一个运动项目，它最大的特点就是不怕风的影响，而且它甩出去的时候，可以产生一些变化，所以大家看了会很有观赏性。然后我觉得像这样的运动，非常适合推广到户外休闲运动当中。

一般理解体育就是身体锻炼，但就我理解它最重要的是强健身心，另外非常重要的是体育具有加强社交的作用，它可以让大家在一

二·文化交融│两岸青年的心灵交汇

场比赛当中，没有所谓身份地位包袱，我们可以一起踢场球打场比赛这样的方式，去更好地融入彼此。

当然，作为一个台湾同胞，我觉得两岸有很多体育方面可以借鉴的一些经验。

2019年，我就成立了一个（6月成立）台湾青年体育教育文化交流发展协会。我希望通过这个载体，我们不只是让更多的青少年或者是各个年龄层，可以通过体育的方式来到大陆交流，也可以为我们国家在发展体育强国建设当中，有台胞的身影在贡献力量。

今年，我们有一个两岸青年体育大联盟的项目已经启动了。现在北京在弘扬中华根脉，我们就让很多在大陆的台湾学生，去感受一下老北京的胡同，还有骑行故宫。所以他们都会说，这是一生当中

陈文成

陈文成

非常美好的回忆，因为从来没有过。他们也会说，在北京，除了工作或学习之外我还有一些更好的爱好，而且能更好地融入，然后我爱上北京这座城市。

北京是一个包容性非常大的城市，体育氛围也非常好。所以，我会结合现在在北大的本职工作，希望能带到不只是北京、而是希望带动两岸，做一些有品牌的民间交流的比赛，我感觉社会就需要有这种正能量，体育是非常好的一种形式。

心安之处即是家，希望未来两岸的体育交流更加地热络，在两岸青年体育大联盟的事业上，让两岸的民心走得更亲更近。

祖国大陆是一个非常好的舞台，我们生逢其时

编者·祁迹（根据陈文成口述整理）

2024年4月12日上午，"同心同行"京台青年座谈会在京举行，京台青年畅谈习近平总书记在会见马英九一行时重要讲话的学习体会。北京大学台师陈文成说，我见到马英九先生的时候跟他讲，现在我很感谢当时他推行的一个政策，就是鼓励更多的台湾青年和学生来大陆求学，所以我们在座都是受益者。因为有了这样的一个政策，才有更多的我们能回到祖国大陆去了解历史和共同的根脉。从我来到大陆之后的这13年，在这求学、工作、组建两岸婚姻家庭，我觉得祖国大陆是一个非常好的舞台，所以我觉得马英九先生此行有几个关键词。

第一个是中华文化。中华文化是博大精深的，刚刚在交流分享过程当中，也听到很多台湾学生说，因为我们确实在岛内受"去中国化"影响很大，很多台湾学生根本不了解中华文化。我们来之后也感谢大陆各级部门，让我们有机会除了在学校生活之外，走入大陆不同的城市。我已经参加了三四年的陕西黄帝陵祭祖，所以是非常有感受的，我们都是炎黄子孙。

第二个是中华民族。我觉得习近平总书记在会见马英九一行时，

态度非常轻松自然，就感觉见到家人一样。作为普通老百姓，我们觉得两岸很多事情可以一起商量，只要站在中华民族的最大利益上面，很多事都是可以谈的。两岸关系好，我们发展更好，如果两岸关系不好，我们回趟家都很困难。

第三个是中国人。我是1989年出生的，我小学课本还有说要做一个堂堂正正的中国人，但是后面就没有看到了，整个中国人的概念完全淡化掉了。2019年70周年国庆的时候，我作为台湾学生（博士后）在群众方阵里，喊到"团结起来，振兴中华"的口号时，我真的被感动到，感受到现场上万人的游行队伍自然而然的那种自豪感。

苏雍竣

视频分享大陆生活，坚定和平贡献决心

编者·祁迹（根据苏雍竣口述整理）

用视频分享生活，让家人朋友更了解大陆

我是苏雍竣，一名台湾青年，在北京已经待了三年了。2016年第一次来到大陆，2017年到上海的律所实习，2019年到清华大学读研究生，2022年我就留在了北京工作。

我觉得在清华大学这段经历，是影响我留在大陆的一个重要的原因。我发现我们彼此都很喜欢骑单车，我们听着共同的音乐长大，就让我感觉到，其实我们两边的文化没有那么大差异，相反也让我更加对于这块土地上面的人和事，产生更多的兴趣。

我平时在生活之余特别喜欢拍拍视频，或通过一些照片来分享我的生活。其实一开始想做这些事情的原因特别简单，是因为在2020年的时候，我有两个弟弟，其中一个弟弟刚好在台湾高考完要准备上

苏雍竣

本科。我当时很希望他能够来到大陆，直接就读大陆的高校。但是因为他对于大陆的不了解不熟悉，所以使得他不敢直接来到大陆念高校。我特别地内疚，因为我会觉得明明身为一个哥哥，但是我却没有办法让他能够放心地来到大陆发展。

希望通过这些视频能够让我的家人更加了解我这边的生活。让他们看见其实在这里的生活，不管是食衣住行非常方便，或者是在这里认识很多朋友，一点都不孤单。

今年暑假，我弟也要来到大陆实习，目前已经收到 Offer（录取通知）。这就是为什么，我持续做两岸交流的一个重要的原因。在做两岸交流工作的时候，你会感受到非常强烈的成就感。

2022 年，我也参与了北京的 2022 年冬季奥运会的志愿者服务。

在开幕式上，最有名的或者说印象最深刻的，可能就是小鸽子的这一段表演。原因就是你看小鸽子，大家不会觉得她一个人落队了就不理她，相反大家会牵起她的手，邀请她一起加入大家庭，特别感动。

我觉得心安之处即是家这句话特别好。例如，我现在在北京住的公租房，通过这种物理上的家，让我们在生活上有着落，也更加有安全感。而在心理上的家，是我在北京有各种各样的朋友还有兄弟。家人在哪，家就在哪，有家人在，人就心安。

心安之处即是家。各位我台湾的朋友们，期待你们有机会也能来我北京的家坐坐，而我最亲爱的家人们，也期待你们赶紧来北京看看我，我亲自做饭给你们吃。

坚定了想要效仿马英九先生，为两岸和平作出贡献的决心

编者·祁迹（根据苏雍竣口述整理）

在台湾读书时，马英九先生曾经在我们课堂上问过大家一个问题，中国的最南端是哪里？当时还是一位大陆学生回答说是曾母暗沙。当时我印象特别深刻，马英九先生在课堂上说的一句话令我特别感动，他说他不会违背祖宗交付财产的初衷，更不会做出对不起祖宗的事。当时这个令我特别感动，也是在那一年我第一次踏上了

大陆，来到了北京和清华大学的同学通过辩论赛有更多的交流切磋。后来我也到上海的律师事务所实习，感受到大陆法律市场的高速发展和国际化水平，也因此让我选择抓住时代的机遇，下定来到大陆发展的决心。后来在清华大学读研究生期间，我除了加深法律学习之外，也担任了2022年北京冬奥会的志愿者。在冬奥会开幕式上我看到了许许多多的小朋友们，他们收着和平鸽往圆心汇聚的那一刻，我看到了展现两岸同胞的血脉亲情，也让我更加坚定了想要效仿马英九先生为两岸和平作出贡献的决心。

当年坚定的选择，让我能够有机会进入在大陆的世界一流大学和大公司，因此我也非常欢迎更多的台湾青年朋友，能够像这一次习近平总书记所说的，来到大陆追梦、筑梦、圆梦，让我们两岸青年一起成长、成才、成功，一起同心同行做好历史接力，实现民族复兴、立足世界民族之林，留下我们华夏子孙的奋斗足迹和青春身影。

（注：2024年4月12日上午，"同心同行"京台青年座谈会在京举行，此文为苏雍竣谈习近平总书记在会见马英九一行时重要讲话的学习体会。）

郑庭绎

希望有更多台湾青年来北京感受中华文化的美丽

作者·郑庭绎

我是郑庭绎，生于台南，祖籍沈阳。我正在攻读北京师范大学古代文学的博士学位，同时在中华青年发展联合会北京台生联谊会中担任秘书长职务。

我是一名古代文学的研究者，尤其热爱京剧、京韵大鼓等京味文化。北京是全国的政治中心、文化中心，具有浓厚的"京味"文化特色，来北京前这是一座令我神往的城市，在来到北京生活六年后，我依旧不断被她惊艳和吸引。

作为政治中心，北京本身就是时代的脉搏，随着大国崛起，身在北京我有种立处时代洪流中心的悸动感。作为文化中心，北京市不仅致力于对文物古迹的保护，也致力于重新诠释传统文化并使其更具魅力，比如以故宫角楼为咖啡厅、以老四合院为文创市集等创新做法。中央美院的毕业展，798艺术特区的推陈出新，甚至到侨福芳草地大厦的建立，无不象征着北京作为新型先锋艺术的基点。当然，其中来自宝岛台湾的艺术家、投资者也贡献不少。

  北京对"京味"文化的留存、诠释与保护深深震撼了我，比如保护"毛猴""兔儿爷"的手艺人，对传统建筑（如会馆、胡同）的重新装修与设展等。随着"北京中轴线"申遗工作的进行，北京这座拥有七处世界文化遗产的"双奥之城"，也将迎来第八项世界文化遗产。以上无不显示中央和北京对文化产业不遗余力的投入。

  有人问我为何选择北师大，不得不提一句我的本科经历。我本科就读于台湾辅仁大学中国语言文学系，而辅仁大学便与北京师范大学有着承前启后的关系，是姐妹校。辅仁大学的中文系也有一个吟唱古典诗词的社团——东篱诗社，我们的社团指导老师孙永忠主任便多次带同学前往大陆交流，既是为了普及诗词吟唱，也是为了让台

郑庭绎

湾学生见证诗歌中的山水。我们有一个品牌活动"古韵新研",聚集大陆各高校的诗词吟唱社团进行吟唱。我也受益于"古韵新研",于2015年本科二年级时第一次来到大陆,也是第一次来到北京。北京的古老与传统、北师大深厚的人文氛围让我感到印象深刻。这促成了2016年我前往北师大交换半年的经历。2018年本科毕业,我更是选择北师大作为我进修古代文学的硕士点、博士点研习至今。

对古典文化深入的研究,使我触摸到更加立体而丰富的北京。举个例子,明正统年间朝中乱政的宦官王振的家庙智化寺,迄今还留存在北京东城区。智化寺是研究明代前期木建筑的难得资料,也是北京城区现存最大的明代前期木建筑。智化寺中的佛教壁画、黑琉璃瓦屋顶、宫廷式样的两座藻井、英宗御赐的曲尺经橱、元代的转轮藏,无不是国宝。更令人感动的是,明代的宫廷音乐(人称"京音乐")也由智化寺的僧人继承了下来,智化寺是目前唯一可以听到明代雅乐的地方。我每年都会带不同的朋友游览智化寺,尤其是台湾友人。智化寺生动地展示了历史人物的功过难以定性,也展现了北京城历史的多样性。

北京是座文化资源丰富的城市,两岸都是中国人,同根同源,希望有更多台湾青年来北京感受中华文化的美丽。

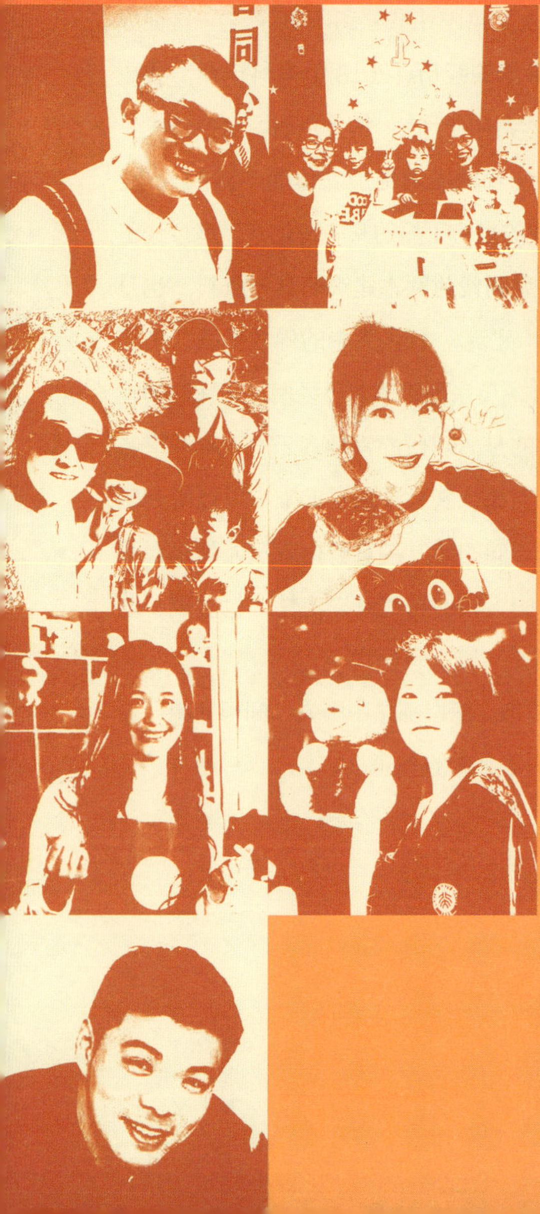

三

亲情纽带

跨越海峡的
温暖连接

邱庆龄

祭祖寻亲证同根，
初心不改两岸情

作者·赵亮

"大家好，我是两岸影视人乐岛"，这句标志性的开场白，加上感染力十足的声音，可以让人在浩如烟海的视频中，仅需两秒钟即可识别出台湾青年邱庆龄，并瞬间被其带入"乐岛"的欢乐海洋。

来大陆仅因"一见钟情"

邱庆龄是一名来自台湾的"80后"，出生成长在屏东的客家农村，后来大学与工作都在台北，从事两岸影视传媒已有20年。生于宝岛的他有一句座右铭——独乐乐不如众乐乐，这也成为他的网名"乐岛"的来源。

乐岛来大陆之前，已在台湾的年代、壹电视、纬来、东森新闻等不少传媒待过，在岛内已有积累了多年的事业基础，虽不能说大红大紫，但也属于在熟门熟路的圈子里蒸蒸日上的状态，按理说应该求稳才对。但有一次偶然的机会，乐岛看到所任职的东森电视台转播了大陆的综艺节目《中国好声音》，这档节目就像一部大片一样让他非常惊讶，也让他有一种"一见钟情"的感觉，到大陆闯一闯的想法自那时便悄然而生。

不久后的 2013 年，乐岛在同行的推荐下去了湖南卫视——做过助理、扛过摄影机、当过副导演，后来又从湖南卫视转战东南卫视、海峡卫视、浙江卫视、东方卫视、芒果 TV、优酷、腾讯等众多的大陆媒体或互联网公司。乐观好动的性格让乐岛在面对忙碌的摄制任务时总是精力十足，他也暗暗下决心，"我就是想在大陆闯出自己的一片天地"。

乐岛最怀念的照片：第一次参与大陆综艺节目《快乐男声》

不能自律，何以正人

乐岛在屏东高中读书时是校队篮球运动员，拿过台湾地区高中生篮球联赛（HBL）冠军，此后却一头扎进媒体圈。这种看似跨界的选择，却是乐岛有意为之的融合之路。篮球早已成为年轻化群体中的 IP，"我希望能把传媒产业化（台网综艺节目、短视频、直播）与篮球产业化结合起来，帮助到喜爱篮球的人"，乐岛认为自己"是一个体育+明星+音乐+时尚的集合点"，"我把两岸文化的因素都聚集在了一个地方"。

大陆综艺节目《来吧冠军》《这就是灌篮》《我要打篮球》《肌战》等，都与打篮球有关，乐岛在导演工作中就多次将体育运动融入到综艺节目当中。乐岛认为"在篮球场上可以学到如何面对失败、如何翻身再起来，这是很好的价值观。篮球是一种竞争性的运动，我们也生活在充满竞争的世界里，但我们在竞争过程中可以与其他队员交朋友，可以相互了解、相互学习，通过竞争我们获得的不仅是自己的荣誉，而且还有竞争中的那份友谊"，乐岛坚信"在竞争中获得的那份友谊更显得弥足珍贵"。

2021年，乐岛转战新媒体的直播领域，学习在线零售新模式。从单纯专注节目的技术内容再到从幕后制作走到台前，多年的专业积累、敏锐的市场洞察力以及开朗活跃的风格，让乐岛"自带流量"，与不少"90后"乃至"00后"年轻人都很有话聊。2023年，乐岛帮助金门县带货直播售卖金门高粱，一个小时就卖出200多万元的销量，让金门县副县长惊喜又兴奋，对乐岛说"这几乎是金门县在台

三·亲情纽带|跨越海峡的温暖连接

参加 2023 电商主播大赛

湾售卖高粱酒 1 年的销售量"。在直播带货领域,乐岛除了帮助福建各地滞销的农产品解决销售问题、辅导农民了解新媒体直播带货趋势,还扶持渴望通过直播创业的年轻人,特别是为有志来大陆发展的台湾青年提供筑梦舞台。乐岛也通过在电商领域的磨练逐渐跳出综艺导演的角色,开始接触更多行业,视野和资源积累大幅扩展。

　　乐岛坚信想要成功,自律一定是必经之路。谈到自律,乐岛特别提到唐代名相张九龄在《贬韩朝宗洪州刺史制》中的名言"不能自律,何以正人"?就拿保持身体状态来说,乐岛每天都坚持健康的饮食习惯和体能锻炼,使自己的体脂含量始终保持在 13% 以下,在高强度训练期间甚至保持在 10% 以下。而体脂率在 10% 以下的标准,是国足前主教练扬科维奇对所有球员的要求，乐岛的自律由此可见一斑。

两岸综艺节目的对比

对比两岸在综艺节目制作上的差异，乐岛先以经费举例，"在台湾制作一档节目的经费大约只需两三百万新台币，而在大陆由于冠名赞助、周边商品开发、整体产业链打造等因素，再加上庞大的内需市场，一档大型综艺节目的经费动辄上亿人民币！节目的规模质量都非常高，很多甚至是动用电影级的拍摄技术和设备"；在节目的分工上，"在台湾当综艺节目导演，从写案子、组团队、拍摄到剪辑几乎要从头干到尾，但大陆剧组资金充足、分工细致，人员也因此更加专业"；在播放平台上，除了电视，大陆的网络平台也蓬勃发展；最大的对比是节目产业链，"大陆综艺节目产业链非常长，例如我曾参与合作的生活服务纪实节目《向往的生活》，不但带动了民宿经济，一颗普通的咸鸭蛋经过节目包装推广，竟然可以卖到 9 颗 300 元，而且一上线就卖得精光，甚至连影片中的小狗都有狗粮赞助商用千万买断肖像权"。

不比不知道，在网络综艺节目的兴盛、网红文化的兴起和海外真人秀竞技节目的当红背景下，乐岛发现大陆市场的"发展空间越来越大"，"在台湾当导演可能 1 年能做 1 到 2 档自制节目，而在大陆 1 年则可以接触 7 到 8 档节目，明显能学到更多东西、成长更快"。

说到"宝总到宝岛"刮起的"旋风"，乐岛深有同感，"台湾的年轻人很喜欢看大陆的电影、电视剧还有综艺节目，我很多在岛内电视台的朋友也会买大陆剧到台湾去播，前段时间的电视剧《繁花》就有很多台湾青年追剧，看了之后要来上海旅游"，说到这里，乐岛很认真地拜托"京彩台湾"，"我也希望能通过更多的影视综艺等形式让两岸互来互往、更好交流，也希望能做一些关于两岸的综艺节目，让两岸的人民看到彼此，让我们的中华文化被全世界知道"。

祭祖寻亲证同根

在首届"京彩台湾"两岸青年短片征集大赛上，《台胞乐导大陆寻根谒祖之旅》获得了一等奖。谈及当初寻根的初衷，乐岛觉得关键是坚持，"我在屏东的客家农村长大，小时候经常听长辈说我们的祖先来自广东梅州。当时年龄太小，不太能理解大人说的'认祖归宗'。但我知道回到梅州一直是他们的心愿。2022年中秋节，我终于来到一世祖的祖籍地，我在祖堂祭拜后和远在台湾的父亲视频连线，视频那一头的父亲哽咽地流下眼泪，那是我第一次看到他流泪"。乐岛的外公周益方1947年前往台湾，2002年去世后便与大陆亲人失去联系。2023年2月28日，乐岛又在多方协助下，前往江苏淮安找到了外公的亲人。

今年7月，乐岛第一次踏上山西临汾的土地，开启了洪洞大槐树的寻根之旅。"在洪洞大槐树，我找到了邱氏的祖先，原来我们都是姜子牙的后代，我还在尧帝陵与洪洞大槐树的姓氏表上指着邱姓合影留念"。

淮安寻亲：邱庆龄和舅舅周心和一家看老照片回忆过去

淮安寻亲：邱庆龄和舅妈李巧英拥抱在一起

从寻祖到寻亲再到寻根，乐岛替远在台湾的家人们做了件很有意义的事，"虽然三次的地方各不相同，但不变的是大陆才是我们的根。我也希望更多的台湾青年能够和我一样，早日踏上寻根之旅，找到自己的来处，这也是我做短视频的最大意义"。

倒流的时空与未来的人生

回忆自己来大陆十年，乐岛若有所思地说，"我十年前来大陆是先就业创业，假如时空可以倒流，我希望在求学时就来大陆，因为提早来大陆就能比台湾同龄的同学有更多'读万卷书、行万里路'的机会，大陆一流高校的师资力量都已超越台湾的众多大学，大学生毕业后创业还有机会申请资金扶持，再加上许多惠台措施和台商协会的帮助，很适合台湾青年来深耕发展"。乐岛从零起步慢慢到百万视频博主，也经常遇到海外账号被封的情况，"但我会从头再起新号，再不断分享我在大陆的所见所闻，就算我的视频只有一人浏览，慢慢也能被越来越多岛内青年看到大陆的真实资讯。直播也是，只要有人看，我就不断直播，让正能量的故事吸引更多岛内青年来大陆发展"。

乐岛在大陆十年间组建了自己的小家，事业爱情双丰收，2018年与大陆媳妇喜结连理。"我太太是一个非常优秀的福州女孩，她孝顺、有才华，每一天的相处都会给我很多惊喜，我也以福州女婿为傲"。作为两岸婚姻，乐岛在屏东和福州的婚礼举办得热闹且顺利，两岸的家人们打着"飞的"串门拜访，关系越来越亲切。乐岛还透露了一个小秘密，从综艺节目导演跨界到自媒体影视人，"老婆差点跟我离婚，因为她很担心我被有心人带风向跑偏，也不希望我抛头露面，后来我就不断修改视频方向与内容让她放心，后来她与福州家人看到我帮助很多台湾青年求学就业创业还有成家立业，以及促进两岸台商台企品牌合作等等，家人觉得很棒，现在都一直全力支持我、鼓励我"。

在未来的十年、二十年，乐岛希望能为"大家"——两岸综艺影视沟通、交流、合作——做更多事情。身为两岸综艺传媒影视人，乐岛特别看重自己身上"传"+"媒"的基因和使命——让更多台湾年轻人能看见真实的大陆。谈到未来更想着力做的事，乐岛

第一次在大陆担任音乐主持人

希望"把自己变为一扇可视化的生动立体的'窗',让更多台湾青年通过这扇'窗'看到真实的大陆,同时也寻找到自己来大陆发展的平台"。

最近一年让乐岛开心和欣慰的是,在自己的影响下,他的两名学弟妹也相继来到上海,乐岛还帮他们在上海一家外资银行找到了工作,"这位学弟今年还成为了上海女婿,学妹也成为江浙媳妇,让我超有成就感"。乐岛希望类似的例子多多益善,"我淋过的雨比他们多,所以也希望自己能做一个为他们撑伞的人。我觉得在大陆这个大舞台上台青可以尽情挥洒才能。台青一定要把握机遇来大陆看一看,来了就知道这里的世界有多精彩"!

附:邱庆龄在首届"京彩台湾"两岸青年短片征集大赛颁奖典礼上的获奖感言

7月3日,2024两岸青年峰会在北京中关村国际创新中心开幕,在当天下午由北京大学承办的峰会"青·历"分论坛上,举行了首届"京彩台湾"两岸青年短片征集大赛颁奖典礼。《台胞乐导大陆寻根谒祖之旅》获得大赛一等奖,邱庆龄在现场发表了简短获奖感言。

大家好!

我是来自台湾的青年影视人邱庆龄,我的自媒体账号叫"乐岛",综艺节目的朋友们也叫我"乐导"。我在大陆已经十多年了,先是就业创业,后有缘成家立业,现在也有了"大陆福建女婿"的身份。今天（7月3日）刚好也是我的生日，能获得一等奖更加百感交集，万分感恩祖国让我拥有了两岸家人朋友。

两岸同根同源，我们都是中国人。我从小就接受家里教育，我的根在大陆。所以我的作品就是拍摄我寻祖寻根成功的事情。当我看到马英九先生回乡祭祖那一幕的时候，我是深有感触的。

我在屏东的客家农村长大，小时候经常听长辈说，我们的祖先来自广东梅州。当时年龄太小，不太能理解大人说的"认祖归宗"。但我知道，回到梅州看看一直是他们的心愿。我回想起童年阿公、阿婆用客家话提起梅州，我作为家族中的年轻一代，就在前年的中秋节，终于找到了我第一世代祖先的祖籍地就在广东梅州，我在祖堂祭

邱庆龄

拜后直播视讯给我台湾那一头的父亲说，"爸，我终于找到我们第一世代的祖先了"！我父亲突然哽咽流下眼泪说，"儿子啊，谢谢你，辛苦了，帮爸爸完成想回大陆祭拜祖先的愿望"。我听到也流眼泪了，因为我从来没看过父亲流过泪（其实当时我是太开心而哭了）。

也就在去年，我表妹因为看到我寻找大陆祖先的影片，她说也想找爷爷的大陆江苏老家，由于周爷爷在台湾过世有二十多年，与大陆亲人也失去了联系，我告诉自己一定要完成使命。如果在我们这代不去和大陆亲戚联系上，后面我们在大陆的根就断掉了，或者说我们就成为"失根的一代"。终于我透过新媒体的方式，在江苏淮安台办等部门的帮助之下，在美丽的四月天里终于找到了周爷爷在淮安老家的亲人。来大陆十年来，我终于完成祖辈的寻祖寻根寻亲愿望。

"登陆"以来，我一直追求与大陆同胞、自己专业领域的影视媒体以及企业进行充分交流接触，真正走进大陆、了解大陆，进而推动两岸融合发展。我在海内外各大主流社交平台都有账号，总粉丝数六百六十万有余。我参与了很多综艺节目（《快乐男声》《声生不息》《十二道锋味》等），还与各路媒体、大V博主及地方政府合作，记录祖国各地的山河风光与人文风采。

十多年来，我对祖国大陆欣欣向荣、蒸蒸日上的发展感到无比自豪，也一直为两岸青年融合发展贡献自己的力量，我想替对大陆持有好奇心的岛内年轻人行遍祖国万里河山。我认为，来到大陆的台湾青年已经对大陆有了基本的了解与认同，未来我们更重要的是要影响岛内青年，带动他们了解真实的大陆，并喜欢大陆。

有一句话叫"读万卷书、行万里路"，其实我现在就是从台湾来祖国行万里路，虽然我在台湾成长、读书，但是我现在把我所看的书到祖国大陆来实践，用我的双眼来感受我在书中所读的文字，是非常有意义的。在行走的过程中，我认识了很多大陆的朋友，多认识一个朋友就如同多读一本好书。

我在台湾时，长辈们都会教导我说，我们是地地道道的台湾人，也是堂堂正正的中国人！台湾青年第一次来到大陆，我都会请他们打开手机地图，看地图才知道祖国大陆有多大，让他们知道身为中国人的骄傲。我也希望通过自己的努力，把大陆真实的情况介绍给更多的岛内青年，让他们多来看看，也和我一样在大陆就业创业、成家立业，我觉得很有成就感。

我觉得台湾青年来到大陆可以找到更广阔的平台、更多的机遇。特别是北京，我觉得是个非常多元和包容的地方，借这次活动的契机，我也用自己的新媒体平台宣传推介这里，欢迎台湾朋友们一定要到北京来！

这次两岸青年峰会和"京彩台湾"短片征集大赛，为两岸青年传承中华优秀传统文化提供了平台，活动必将绘就出两岸融合的美丽画卷。

最后祝大家身体健康、万事如意、心想事成，祝活动圆满成功，希望让更多台湾青年分享到峰会的成果，谢谢大家！

王强、丁文蕴

幸福的两岸婚姻

作者·赵亮

从赴美留学到回国就读协和医学院，从协和相识相恋到婚后相敬如宾，从幸福小两口到儿女双全，从2022年"十大首都最美家庭"到"2023年全国最美家庭"……在7月12日举行的2023两岸青年峰会开幕式现场，北京市委常委、统战部部长杨晋柏为两岸婚姻王强、丁文蕴家庭，颁发了奖杯和证书。

对于这一家庭，有很多词可以形容，但又无法用一个词涵盖全部。他们在工作中搭建两岸医学交流桥梁，生活中促进两岸同胞心灵契合，是两岸一家亲的生动诠释和完美缩影。

受家庭影响学医

丁文蕴来自台湾，是家里的老大，她还有一个妹妹、一个弟弟。父母都学医并在医院上班。丁文蕴忆起自己童年，"在医院出入像在

幸福的王强、丁文蕴一家

2024年5月，台北阳明山龙凤谷全家福

邻居家玩一样"，学医也是受家里的影响，"虽然小时候会叛逆，觉得自己长大后一定要干点别的，但后来发现学什么都不如学医得心应手。"

丁文蕴的大学专业是微生物，后在美国读硕士，最初在实验室学习。有一天爸爸打电话来，说大陆临床医学系在招生，问她有没有兴趣。丁文蕴觉得临床医学面对人，自己的性格更适合与人交流，而不是在实验室枯燥地做实验，所以在电话里没怎么犹豫就对爸爸说，"那也好，不然试试看"。现在回过头来看，可能爸爸只是抱着试一试的心态问的，也担心会被她拒绝，因为至今她都记得爸爸当时特别惊讶，之前有些叛逆的女儿居然采纳了他的建议。

婚姻的幸福密码

丁文蕴回忆起在大陆上学的时候，期间去医院当实习医生，与彼时的王强正好在同一个科室。"我跟着他一块看病人。对我来说他是学长，知识储备比我们多很多，是要向他学习的。"

山东小伙王强听到这里却露出了腼腆的微笑，忍不住说："我记得很清楚，那天是换科，我们要轮转，当时见了她就觉得这姑娘和别人不太一样。所以我就使劲把她要过来和自己一个组。"说完，两人对视一笑，眼里满是爱意。

敦煌鸣沙山上以天地为证的爱情

丁文蕴清楚，因为两人成长环境不同，对于很多事情在理念上观念上会有不一样的看法，在教育孩子方面，有时候也会发生分歧。但两人通过沟通了解，相互包容，解决了理念不同带来的问题。

和公公婆婆一起生活了很多年，在丁文蕴看来，相处就是要相互体谅、换位思考。她与公婆相处融洽并心怀感恩："爷爷会帮忙接小朋友放学，盯着他们写作业，其实很辛苦，会帮我们分担很多，感恩有爷爷奶奶的帮忙。"

夫妻俩也尊重孩子的兴趣爱好，没有刻意让小朋友去学什么。女儿喜欢画画，丁文蕴表示她只要愿意，有时间就去学，作为父母能给的就是"你想学什么就学什么"。儿子喜欢音乐，丁文蕴至今记忆犹新的是，"小时候家里有个电钢琴，本来是给姐姐玩的，结果弟弟就自己摸索着玩，突然有天发现弟弟把在幼儿园学的曲子用升一个调的音弹出来，他觉得很好玩，然后弹给我看，我惊呆了，他确实有这方面的天赋。"

"我也是北京发展变化的见证者"

丁文蕴 2002 年来北京至今已经 20 多年了，她感慨人生的大半部分都在这里，已经非常习惯。2002 年初，父亲帮丁文蕴来北京的学校报名了解情况，当时的明城墙遗址公园还处于规划建设期，"等再送我来上学的时候，那个地方就干净整洁了，现在是很漂亮的状态。北京市对文物保护下了很大的功夫，现在的明城墙遗址公园非常漂亮，平时有空的时候爷爷会带着小朋友去公园玩耍。"2003 年，搬到花市大街住的时候，所在小区是花市大街第一个盖好的商品楼，"门口只有两条老路，后来道路拓宽了，环境也更加整洁了。政府做了很多实事，整个生活环境改善非常多，我也是北京发展变化的见证者"，丁文蕴回忆起今非昔比的变化，感慨不已。

大陆软硬件的发展变化，丁文蕴都看在眼里。她回忆起2005年的时候，协和医院挂号是凌晨三四点就开始在挂号大厅排队，"随着近20年的发展，挂号在手机上用App就可以，不仅仅挂号，App上还可以完成缴费，下载化验单等等，甚至病历都看得见"，丁文蕴认为，在这些方面都已经超越了台湾。"现在还有手机软件报税，不像在台湾还需要手工填写后寄过去，手机上操作报税真的方便太多了"。

"这几年随着互联网的发展和快递的便捷，购物越来越方便，很多想吃的台湾味道在网上就可以买到。"丁文蕴对此颇有感触，"大概是5年前我就和家人说过，我最佩服大陆的是两件事，一个是互联网电商，一个是物流发展，这两项让老百姓享受的生活便利是超越世界的，美国那些eBay网都差远了"，"最近我在网上买一些小鱼、水草，都不敢想象这些也能直接寄给我，真的很神奇。以前我姑姑在美国会从这边的淘宝买东西，然后寄回台湾。我爸也是淘宝大户，很多东西台湾没有，他就在台湾下单，从大陆这边海运过去很方便"。网络的发展也拉近了亲情的距离，现在用微信和家人视频简直太方便了。丁文蕴还记得有一段时间用开心网，在家就觉得远在千里的爸妈就在你身边偷菜。

丁文蕴还说，有了台湾居民居住证以后，大大增加了台胞在大陆生活的便利。"我们能看到政府对我们的关心，所以我很感激。"

"社会给你提供了很多,你也应该回馈社会"

"应该说,所有的医学生都有一个救死扶伤的梦想,从小受到的教育就是社会给你提供了很多,你也应该回馈社会,当医生回馈社会最简单的办法就是义诊。"丁文蕴参加了台湾台籍陆医协会,协会由一些在大陆当医生的台胞组成,在全国各地举办义诊活动。"印象很深的是在台州玉环,它虽然是一个相对发达的地方,但居住在海岛上的老百姓如果遇到一些大的疾病,是需要坐船到台州或者温州其他大医院去就诊,很多人会觉得麻烦就扛着,有时候扛着扛着就会出大问题,所以去义诊很有意义。"同为医生的王强,自然对妻子非常支持,

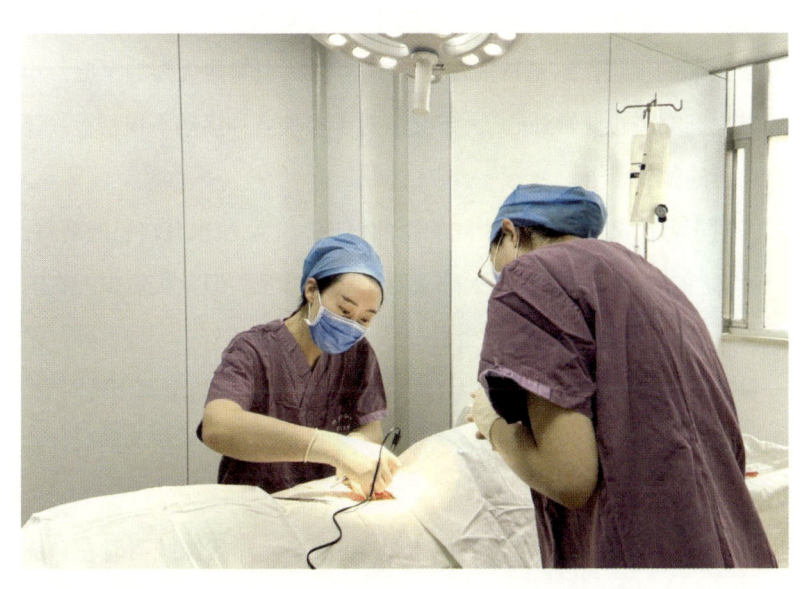

丁文蕴工作照

"不用跟他说太多，他都懂"。

在新冠疫情刚开始的时候，两人都积极报名要求去武汉，虽然后来科里派了更年轻的医生去，但夫妻俩留下来承担起在北京的抗疫工作。王强在消化内科，做胃镜检查的时候都是全副武装、最高防护，很辛苦。丁文蕴是二级防护，"激光操作的时候会有皮肤组织的喷溅，所以我们家第一个'中奖'的是我"。

"我的坚持是对的！"

丁文蕴一家曾参与 2022 两岸青年峰会的婚姻家庭分论坛，"分享了我家庭的状态、生活历程和对家庭的理念，对小朋友来说，他们会觉得是对家庭的一种肯定，能增加一个家庭的向心力，对他们也会有很正面的促进，这是特别好的。还可以认识其他优秀的家庭，小朋友之间交流也非常开心"，丁文蕴对于参加各种活动不仅积极，还有自己的独到感悟。

对于台湾某些媒体对大陆的歪曲报道，丁文蕴也有自己的观察，"台湾之前有一种声音，说大陆人吃不起茶叶蛋，但其实蛮少人真的会这么认为，有时候是台湾当局故意要去说大陆不好来误导百姓，是一种故意要气你的感觉，因为有一些人确实和这边的想法比较对立。但并不代表全台湾的百姓都这么想，大家听听就好了，更多的时候自己要有一个过滤审视的过程。"

"我刚当医生时一个月的薪水是 3000 多元，我妹妹当时在台湾的薪水折合人民币近 20000 元，差距很大。那个时候包括我的同学都会问我，你在那边怎么样啊？什么时候回来？"那时的丁文蕴只能心里说"要你管"，可后来她越来越有底气了。虽然当医生真的很辛苦，但丁文蕴看到了自己的付出会得到回报，所以坚定选择留在这里，家里人也很支持。"因为大陆发展得越来越好，我现在很有底气跟他们说，我的坚持是对的！"

（本文原载于《台湾工作通讯》2023年第7期）

李绍嬅

无声世界中的两岸沟通桥梁

编者·祁迹（根据李绍嬅口述整理）

无声世界的有爱妈妈

我叫李绍嬅，来自台湾高雄，毕业于台湾大学财务金融系。曾经有 8 年金融业工作经验，我还有美国财务分析师（CFA）证照，但是我现在的梦想是和他们在一起，让他们能成为更美好的自己。我们的故事要从 2017 年说起……

初来北京时，我只想快点回到台湾。因为我实在是适应不来，这里和台湾的差异真的很大很大。我连最简单的买菜都很苦恼。简直是降维打击，很难融入到这边的生活。直到我女儿的一次课外实践作业，我意外遇见了这一群听力障碍孩子。

和我们之前对听障人士的认知完全不一样，我和他们根本无法沟通，更别说走入他们的世界里去了。第一次我就想要放弃，甚至会觉得他们智力有问题，但其实不是，只是他的世界少了对声音的认

三 · 亲情纽带 | 跨越海峡的温暖连接

李绍嬋

李绍嬋与家人在一起

知！这也是为什么我叫"彩虹天使咖啡屋"，他们能看到彩虹，能理解翅膀就代表天使！很多人跟我说应该取一些梦想啦、爱啦这样的名字。可什么是梦想？什么是爱？这些抽象的词，他们是完全没有概念的！他们看不到，就无法理解，更不要说独立生活了。但是他们教会了我一件事——责任！台湾的点心精致、美味、有名。何不教会这些听障孩子们做点心？烘焙的难度不大，但结果一定很棒！

有一个听障孩子家长对我说，老师我很感激你，然后我就问她，"孩子还缺什么？需要什么？"她说："老师，我们什么都不需要，我就希望你能给他一份工作。"这时我才明白，我们给到的并不是他们真正需要的，他们需要的，不只是在父母和外界保护下的，所谓吃饱穿暖的生存，而是生活。所以我决定把这些手艺一直教下去，帮助他们拥有谋生的工具。

但好景不长，由于城市建设，我们的小屋面临腾退。一时间我慌了，不知道要搬去哪里。看着这么多不会说话的孩子，还有老师和志工们飞快地用手语表达他们的情绪，我又一次想放弃了！我带着孩子们制作出来的最后一批点心回到台湾，送给了我的朋友们。我告诉她们说，这是最后一盒，以后不会再有了。本来很反对我做这件事的台湾朋友们都哭了，对我说："这么好吃的点心怎么可以没有，你缺什么？我们来想办法！"那一刻，我的眼泪止不住地流。

2020年初，因为新冠疫情，所有线下行业都关张了，咖啡屋也一样停滞了。我当时也在想，疫情应该是我放弃的最好借口了，如果我有一个团队，还可以撑下去，但是我就是一个人，我真的是耗不下去了。我决定放弃了。就在那个时候，我万万没想到女儿竟然鼓

三·亲情纽带｜跨越海峡的温暖连接

李绍嬅教听障孩子们做饼干

李绍嬅用手语与听障孩子们交流

励我，想要同我一起回到北京。这也使我再一次下定决心，并且义无反顾回到北京。我不愿让他们再一次流浪了，不愿意让他们好不容易理解的希望、梦想，再一次破灭。可以说，是他们的梦想在推着我一步步往前走，哪怕眼前的光再微弱，只要有一丝，我们都会一直往前走。所以我继续在台湾学习烘焙，再回到北京，教孩子们制作新的点心，终于开了现在这家咖啡屋。

我很庆幸在北京遇到善良的 Tina 姐和她的闺蜜康姐，耐心又尽职的杜老师，台大的师弟，还有很多的爱心人士和爱心企业，感谢这样一群可爱的人！

来北京的这十年，我深切感受到，原来两岸民众的心与心是相通的，我与每一位听障孩子、每一位志工、每一个家庭的相遇，都是一件两岸携手的暖事。爱，本就是无声的力量，它能打通有声与无声的世界，也一定能架起两岸沟通的桥梁。筑梦踏实，大家一起朝着一个目标努力，真的很美。

用两岸之爱筑造"无声咖啡屋"

彩虹天使咖啡屋，一开始就是为了一些听不到声音的听障孩子所创办的。

我们特别希望的是，我们一开始遇见他们的时候，其实他们是手心向上的，也就是说等着人家来施舍他们一些物资或是金钱。但是这个是没有办法长期持续的，所以彩虹天使咖啡屋就希望教会他们一些技能，让他们可以变成手心向下，自己能够去做一些烘焙的点心，

三 · 亲情纽带 | 跨越海峡的温暖连接

李绍婵与听障孩子们开心的烘焙时刻

李绍婵与彩虹咖啡屋志愿者

李绍嬅与志愿者大家庭

能够自食其力，能够得到人们的尊重。

最重要的是，其实听障孩子心理上很缺乏自信。这个部分的话，我们就很需要有一群人的陪伴，这就是咖啡屋很重要的一群人，叫作志工，也就是志愿者的大家庭。

我们也常常很感动，很多志工他周一到周五非常地忙碌，甚至我们有的志工他是周一到周五飞往5个不同的城市，但是他在礼拜五的晚上，就一定会回到北京来，礼拜六他就一定会带孩子来到咖啡屋。他们觉得格外地真实，格外地单纯简单，跟他过往这周一到周五的时候那种忙碌，为了利益、为了学业、为了分数，不断地在忙碌的这种状态，完全是很大的反差。我觉得在这个地方我们找到的是，平常的工作或是学校环境所找不到的这种感情。

其实这个地方对我们来讲都已经无可替代了吧，因为你想一般的家人都不见得每个礼拜能够聚在这里，然后大家共同为了一件彼此都觉得很认可有意义的事情忙碌着。我们都觉得在咖啡屋这里好像找到了我们另外一个家一样，也让我们在这里感觉有根有基。

过往我们认知的两岸交流是办活动，但是等到我们在咖啡屋，每天每天，大家坐在那里都是在做两岸交流。可能他们两个（听障师傅）吵架了，然后我是来自台湾的志工，他是来自当地的志工，我们一人劝一个，那也是一种两岸交流。然后通过你点一杯咖啡，或是看师傅们做点心，简单地学个手语，坐在这里看个书，处理你自己的事情，你都是在做两岸交流，你也是在做无声世界跟有声世界的交

图中人物从左至右依次是：祁迹、卢洪亚、薛云峰、李绍婵

流。最重要的是，在这里一起感受爱的力量吧。

心安之处即是家，彩虹天使咖啡屋是我们台湾人在北京的家，也是你们大家一起的家，欢迎你们来咖啡屋感受这一份爱。

唱响两岸之间爱的旋律

咖啡屋的听障青年薛云峰，理想是当一名歌手，他写了一首词表达对咖啡屋的爱，经过知名媒体人卢洪亚老师润色并积极联系山东省潍坊市文化馆付根老师谱曲试唱，咖啡屋的孩子们有了一首属于自己的歌《彩虹天使的爱》，让我们一起来感受一下吧！

《彩虹天使的爱》

作词·薛云峰　卢洪亚
作曲·付根

从一开始经过咖啡屋
好像看到彩虹的光芒
安静的角落多么美好
让我和从前不再一样

小小天使有一双翅膀
她的眼睛温柔又明亮

她教我用双手
给爱我的人带来希望

我多想拥抱你蜕变
让我化蝶飞向远方
我多想告诉世界
梦想的力量

天使啊
你让我不再迷茫
你的爱
我要与世界分享

林锦葳

北京欢迎你，有梦想谁都了不起

作者·马婷婷

北京欢迎你

"那首歌特别好，虽然在海外，但整个奥运盛会我们都在看直播，当时就对北京心生向往。即使间隔这么多年，去年冬天重新看的时候还是很激动人心。"2008年，来自台北，还在澳洲上学的林锦葳，听到了北京奥运会主题曲《北京欢迎你》，便决定申请北京大学硕士研究生学位。林锦葳出生和成长在台湾，2008年之前从未到过大陆，却因一首歌与大陆结缘，"其实当时我在澳洲已经上了研究生，但还是投了北大，想来北京看一看。"

2008年底，收到北京大学通知，林锦葳第一次来到北京。也就是在第一次新生见面会上，林锦葳与同班同学张舒结下了一生的缘分。"全班一共79名同学，她坐在中间靠后的位置。"提到与太太第一次见面，林锦葳仍然记忆犹新。在他眼里，太太是自己认识的第一批大陆同学中的一位,"那时候我太太学习成绩很好,所以我经常去问她问题,问得多了双方就逐步有好感了。"

"一开始就注意到他了,觉得他很特别。"对于张舒而言,之前或多或少会觉得台湾同胞比较遥远,而且似乎也都比较内敛。但是林锦葳不同,在她看来,林锦葳开朗、外向,而且愿意跟大陆同学交流。班里其他同学对林锦葳的印象也比较一致,都认为他外向和直率。而且直到现在,林锦葳也仍然跟同班同学保持着密切往来。"他跟我们很多大陆同学都很熟,在我们班属于交际范围很广,也愿意多交朋友的人,后来我们还一起去毕业旅行。"

在林锦葳看来,自己刚来北京人生地不熟,所以这 79 名同学对

林锦葳一家

他而言就显得弥足珍贵，自己也更愿意跟每个人去交流。在澳洲时，林锦葳曾经考过滑雪教练，所以他经常会组织班里的同学滑雪。"一直到现在，我们班同学都会喊我去教他们的小朋友滑雪，现在我已经成了我同学孩子的教练。"

谈到缘分，林锦葳觉得很奇妙。"她来自山东济南，我来自台湾台北，但我们都是被北京吸引过来。"他感慨，虽然两人出生成长在不同的地方，而且自己研究生之前从未来过大陆，两人也从未有过任何交集，但跟太太从小到大听的歌都是一样的，周杰伦、五月天、张惠妹、陈奕迅，两人都是一起听着这些歌手的歌长大的，"即使是之前从来没在同一生活轨迹上的两个人，也仍然会有很多共同的回忆、共同的语言和文化，这让我觉得很奇妙。"林锦葳忆起当年电影《将爱情进行到底》很火的时候，王菲和陈奕迅演唱的主题曲《因为爱情》也红遍大街小巷。这首歌两人都很喜欢，后来也成了他们的定情歌。

将爱情进行到底

"在台湾有个很有意思的现象，就是'兵变'——因为服兵役而变心。"林锦葳笑着回忆，从北大毕业后，自己回到台湾服兵役，虽然和太太同窗两年，两人真正交往其实是在毕业前夕。两年的时间并不算短，加上部队里联系不便，只能等到放假才能探亲，两人聚少离多，对双方都是一种考验。

服完兵役，林锦葳回到北京，两个人领证结婚。现在，已经结婚 11 个年头的林锦葳夫妇,再回头看看当时的两年时间,似乎又不是很长,但是当时双方重信守诺的行动又非常难能可贵。

为什么两人选择北京而不是台北或其他地方定居?对于这个问题,林锦葳坦言,夫妻二人也确实开过几次家庭会议讨论过,为什么不是台北?不是上海?不是深圳?而是北京。"于我而言,这里的四韵时节是我从小到大没有见过的;于她,可能是儿时至今的首都梦;于我们,这里是我们最初相识的地方。"

林锦葳回忆,对北京的第一印象来自校园。当时第一次来京面试,林锦葳与母亲走在北大校园,两人都被北大的学习氛围吸引。"你在校园的各地各处,比如未名湖、图书馆、博雅塔、三角地、五四大道,都能看到有学生捧着书在学习,所以我特别喜欢,这是在国外读书时,从未见到过的景象。"

在林锦葳看来,跟很多优秀的同学在一起,互相学习、共同进步,是非常宝贵的经历。"而且大陆同学也都非常照顾台湾同胞,很愿意跟我们多交流,所以我经常跟妹妹讲,在北大读书我涨了很多见识,我就极力说服妹妹也来北京读书。"林锦葳的妹妹接受了哥哥的建议,也来到了北京大学攻读研究生。

"台湾同胞在购房等方面与大陆同胞享受同等待遇,孩子也可就近在家门口入学。"林锦葳说,近年来大陆出台"31 条措施""26 条措施"等,切实解决了"登陆"台胞安居乐业的问题,在很大程度上帮助了很多台湾同胞,无论是北上广,还是成都、杭州等各个城市,都能看到很多台湾老乡,都能在大陆安居乐业。

十年

"我们已经结婚 11 年了。现在周末经常一起出去爬山、健步,完全融入到了北京的生活,在这个过程当中,除了相恋过程的美好,生活起来还有很多需要磨合的地方。"

因为两岸在文化表达、生活习惯等方面会有所不同,所以林锦葳经常请教太太。"以前说方言,其实就是课本上看到的,比如说这句话应该要用四川话或者河南话来读,是原作者的语境,那个时候全在

结婚照

想象当中,但来到大陆,这些东西都是活生生的。"对于林锦葳,原来方言存在于想象中、教科书中,到了大陆这些都变成了每天生活的一部分,而张舒则成为他最佳的"翻译官"。

"缘分还是挺奇妙的。"如今长期定居北京的林锦葳,早已适应了北方的生活。"以前我在台北是不会包水饺的,但是我太太的老家山东,饺子是主食。但在台湾,饺子却不是必备的主食,更多的是油饭和米线之类。"长时间下来,林锦葳已经成为了地道的山东女婿,包饺子、和面团样样拿手。他调侃道,在大陆的台湾朋友,最厉害的就是去市场买饺子皮,自己调馅包饺子。但自己现在已经可以做到从和面到调馅到包,全流程炉火纯青。

"我先生擀皮,我妈包饺子,两个人边包边聊家常。"在太太张舒看来,幸福就是跟爱的人在一起吃很多很多顿饭。同样为了兼顾林锦葳的饮食习惯,每逢端午节,喜欢吃甜粽的张舒会买一些花生、咸蛋黄、五花肉,专门包一些咸粽。

说到两岸的不同之处,张舒反而觉得城市和城市之间还是非常相似,只是台北的气候比较潮湿,除此之外并没有感到很陌生。"我先生家门口就有一家山东饺子馆,是山东人开的。还有一家牛肉面馆,店主还会说河南话。台湾给我最深的印象是'精致'和'走心',街边的小吃店可以放心吃,用料也讲究。台湾的文创产业很发达,大大小小的文创园和文创纪念品店让人印象深刻。"

疫情之前,张舒经常跟林锦葳一起回台湾。她谈到,因为先生的姥姥家在苗栗,那边的生活气息就跟自己在济南的老家非常相近,兄弟姐妹很多人,一大家住在一起,很是热闹。"大年初二,跟着婆婆回她的苗栗娘家过年,感受台湾乡下的风土人情,是我每次回台湾最期待的事情。"

明天会更好

对于新的一年有什么期待?林锦葳夫妇用了一个词语概括,那就是"珍惜"。"我们 2012 年结婚,当时两岸整体往来非常热络,回家也很方便。2020 年的春节我们在台湾过的,从那以后三年都没有回过家,女儿快 1 岁了,爷爷奶奶也都还没见过。现在疫情终于稳定了,两岸的交流形势整体向好,我们倍感珍惜。"

台湾有一条路叫"济南路",济南路上有一家婚纱店,当时林锦

林锦葳与家人合照

葳夫妇拍结婚照，就特意在台北的济南路上选了婚纱和花束。"台北很多街道都是用大陆的城市命名，我觉得很有意思。希望在新的一年，我们可以重新在台北的济南路走一走，看一看。也希望在台北的家人，能够来到济南的路上，走一走，看一看。"

对于两人现在的状态，林锦葳夫妇同样用了一个词语概括，那就是"正当年"。"之前看到一个采访，有一位台胞说在大陆可以'看到确定且可以为之奋斗的未来'，我觉得说得特别好。"林锦葳对自己在大陆的未来充满了信心和向往，他坦言，因为国家大政方针非常清晰，发展方向也让大家都很有奔头。

林锦葳夫妇有一双儿女，如今都在北京读书，两个孩子的小名，一个叫梦梦，一个叫圆圆，寄寓了全家人美好的愿望。采访结束时，林锦葳夫妇说道："今后希望能过好每一天，希望两岸可以多一些交流，回到我们刚结婚那会儿的大交流时代。"

（本文原载于《台声》2023年第16期）

吴若毓

从嘉义姑娘到北京媳妇

作者·鲁丽玲

吴若毓，来自台湾嘉义的北京媳妇，用十一年的时间，与爱人谭澍用心绘就"小家"温馨、"大家"融合的美丽画卷。夫妻二人为同心共圆中国梦贡献自身力量的同时，也入围了 2022 年第三季度"首都最美家庭"。

相遇之美

30 年前，吴若毓爷爷看到大陆市场的开放与活跃，就到广州考察，发现这里有友好的投资政策，经济发展欣欣向荣，还具有良好的人文环境。经过仔细考虑，爷爷决定将家族在台湾经营的食品生意迁到广州，希望为大陆带来台湾风味的食品，也希望全家能在这里落地生根。

就这样，吴若毓跟着父母家人，来到广州。在广州读完小学后，

三·亲情纽带|跨越海峡的温暖连接

吴若毓一家

到北京读中学，大学又回到了广州。台湾，对于她，更像是一个亲情的符号与象征。

吴若毓与爱人谭澍相识于 2002 年，那是他们的大学时光。当时，吴若毓在广州、谭澍在湖南。在采访中，谭澍笑谈当年为了相聚，可谓是费尽心思。北京到广州的火车在湖南路过，短短几分钟的停靠时间，谭澍从没放过，总是很早到站台等着，车门打开的那一刻，他总能在众多乘客中一眼找到若毓，然后陪她一起去广州，甜蜜溢于言表。

经过 9 年的爱情长跑，他们于 2011 年走进婚姻的殿堂。婚后，若毓一直与公婆生活在一起。如今，二人世界变成了四口之家，两个女儿的到来，为家庭增添了更多的欢声笑语。

若毓说，自己在台湾的兄妹分别有 3 个孩子，大家时常会探讨子女教育问题。虽然分隔两地，大家都很注重中华传统文化教育，会给孩子们讲仁义礼智信的故事，在她们幼小的心灵里，播下善的种子，希望孩子能和自己一样，成长为热爱祖国的人。

相伴之美

万家灯火，炊烟袅袅。

阿里山的姑娘本应该是喝着小米酒的，但若毓已经是地道的大陆人，对于麻辣火锅尤其喜欢，其余各个地方的美食也如数家珍。在若毓的影响下，大陆的美食也成为台湾亲戚的最爱。每次去台湾，亲戚都会让她带火锅底料，以饱口福。

2003 年，两岸首次实施客运包机。时至今日，整整 20 年的时间。这 20 年间，若毓的家人、朋友如其他两岸民众一样，往返两地，互通有无，感受着两岸融合的益处，以另一种方式见证着祖国的发展。

在采访中，若毓笑着分享了最近一次带到台湾的各种粉条，宽的、细的、红薯的、土豆的、绿豆的、蕨根的……足足装了两大箱。有时米醋也是亲戚点名要带的，他们说北京的米醋酸味更地道，吃起来口感更好。

吴若毓一家

台湾亲戚对大陆食材的了解程度，让生在北京长在北京的谭澍自叹弗如。除了火锅底料、粉条与米醋，台湾亲戚对红枣、枸杞也非常了解。为此，谭澍知道了各地红枣、枸杞的不同，新疆的红枣口感较好，并且营养价值很丰富，山东乐陵的金丝小枣没有核等等，而宁夏、山西、河北、甘肃、内蒙古等地方的枸杞也各有特点。

谭澍、吴若毓在北京的美满生活成为台湾的亲朋好友了解大陆的一个窗口，让他们不断地感受到大陆蓬勃的发展动力和积极乐观、拼搏努力的社会氛围。

若毓姑姑家的表弟，今年 30 岁，对大陆、对北京充满了好奇和向往。每次谭澍和若毓去台湾，这个表弟都要拉着他们，永远有问不完的问题。为了这个表弟，谭澍临行之前都要恶补各方面的信息。

2019 年，台湾的小姑姑来到北京，谭澍与若毓带她游览了北京的世博园、园林博物馆、故宫、长城，带她逛北京的胡同、四合院……小姑姑也情不自禁喜欢上了这里。

从相识到相濡以沫的一家人，谭澍、吴若毓用心打造了最美最温馨的家庭。对于吴若毓，婆婆说，虽然有时在语言文化和饮食习惯上有差异，但是我们互相尊重，坦诚相待，若毓总是想办法让家里充满欢乐，非常庆幸娶到这么好的儿媳妇。

对于两岸婚姻，谭澍认为，无论是两个人的结合，还是两个家庭的融合，"尊重"非常重要，尊重对方的想法，尊重对方的家人，两个家庭的互相尊重，是两边家庭可以长期融洽的关键所在。而在深层次上，两岸同宗同源，共同的文化孕育共同的血脉，心与心的交流让他切实体会到信任的力量。

相合之美

在生活上，谭澍、吴若毓相濡以沫；在事业上，两人互相扶持；在促进两岸融合上，两人也携手贡献自身的力量。

作为民革门头沟区支部成员、区青联委员、区政协委员，谭澍认为自己有义务让更多的台湾同胞认识大陆，了解大陆，加速两岸融合。为此，他加入民革台青之家，希望通过组织的平台为两岸融合事业出一份力。

在民革"台青之家",谭澍主动学习对台政策,了解两岸交流与两岸融合的最新信息,利用参政议政的机会,将台胞的情况进行分析汇报,并提出解决问题的方案建议。

往返于两岸,他觉得在村里长层面的交流非常必要,那是关系基层民众福祉的最便利的方式。台湾的文创也给谭澍很多启示。他曾经特别坐火车到台湾的一个渔具店,这个渔具店首先是讲鱼文化,然后是观看关于鱼的 3D 电影、作画彩绘,最后才是卖渔具,还有进行

吴若毓女儿

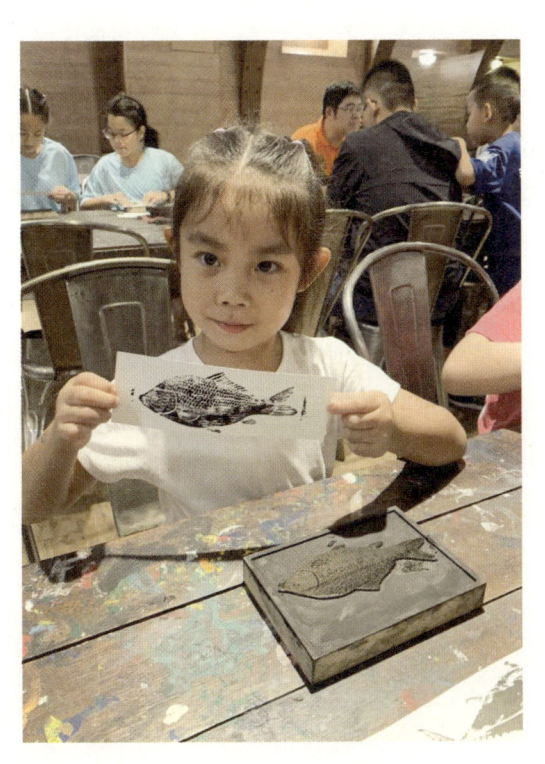

亲子活动的亲子餐厅，实现了一项活动的上下游贯通，开拓了商业思维。谭澍说，中华民族智慧卓越，两岸相互学习相互促进，才能实现真正意义上的民族复兴。

在金融机构工作，谭澍也在思考如何进行业务层面的交流合作，希望两岸优势互补，共同发展。经过与监管部门和公司领导的数次沟通，并准备了周密的实施方案，两岸金融机构对接获得批准。2009年，他所在的国都证券公司与台湾元富证券公司建立友好关系，公司高层互相外派学习一个月，还建立了后期业务交流、日常访问的沟通机制。

夫妻同心系两岸。吴若毓明白，想要促进两岸民众的积极沟通，需要合适的平台。在这种强烈的意愿下，2018年，她响应北京市对台文化交流的政策，注册开办了文化教育公司，计划将民族舞老师引入台湾进行交流和培训。她希望岛内同胞能够真正看到祖国56个民族的舞蹈，感受这些舞蹈中蕴含的历史、文化与特色，感受中华民族的血脉相连。一颗真心，用文化搭起两岸交流的桥梁。

20年的携手，谭澍与吴若毓时刻都在感受两岸民众交流的迫切愿望。谈到这些年的感受，谭澍、吴若毓表示，"親"就要常相见，来往交流越多，了解认识才会越多，感情也才会越深。他们期待能够团结更多两岸家庭，为形成同心共圆中国梦的强大合力贡献"家"的力量。

（本文原载于《台声》2023年第15期）

刘乐妍

大陆故乡情，心灵的归宿

编者·祁迹（根据刘乐妍口述整理）

2016 年买下那张到北京的机票，是我人生中最美好的决定

我叫刘乐妍，来自台湾省台北市。以前在台湾出过唱片、拍过电影、也主持过节目，是那种全台湾都认识的熟脸。你说很红？没有，但你说不红？台湾又有这么一个小明星的那种小明星。

我的爷爷奶奶，外公外婆分别来自大陆的 4 个省份。爷爷奶奶过世后，我对家的感觉越来越淡了，只有在梦见他们时，故乡情才会变得更浓，似乎冥冥之中，我和大陆有着千丝万缕的联系。

于是，2016 年我从台北飞到了北京，当我第一次在机场听到大陆各个地方的方言时，我激动地流泪了，这就是记忆中家的声音。

北京是我梦想开始的地方，刚来北京时，我面试了很多工作，屡战屡败，屡败屡战，我喜欢有挑战性的人生。只要有工作我就接，

刘乐妍

只要有角色我就演，每拿下一个工作或是一个角色，都让我找到了人生价值，坚定了努力的方向。

  到了大陆以后才知道，原来直播是一个可以赚钱的行业。刚开始，我在房间里对着屏幕每天唱歌说话，后来手机直播越来越普遍，我就带着手机走到哪儿播到哪儿。现在的趋势是直播带货和短视频拍摄，我在直播带货的同时，也开通了自己在各个网络平台的视频账号。跟直播一样，我每天在互联网跟大家分享我的生活，每次发完视频，都会有很多朋友在下面评论，这种感觉就好像两个好朋友在聊天一样，特别温馨。我很喜欢这种感觉，也喜欢自己本来的样子。

  总是有人问我，你在大陆都没有认识的人，你怎么敢来？我说，没有朋友没有工作那又如何。两岸同文同种、同根同源，沟通毫无障碍，交朋友和找工作都不是问题。为了自己的事业跟梦想，我很快就适应了大陆的生活。北京的竞争是激烈的，但是对于外来群

刘乐妍直播画面

体，又是尊重差异、兼容并包的。北京在住房、教育、就业、子女在京就读等方面出台了一系列惠台政策，为台胞安居乐业解除了后顾之忧。

在北京，你所有的努力都会被看见，终将有回报。这里的高楼，这里的文化，这里的人们都吸引着我，让我想要拼尽全力地融入北京，成为这里的一份子。我相信只要努力，所有的心血都会变成美好的果实。

人们常说，人生是由若干个重要决定构成的。至今，我依然感谢自己在2016年买下那一张飞到北京的机票，这是我人生中做过最美好的决定。

⏵ 回爷爷的老家湖北，见证家乡的发展

作者·祁迹

　　台湾、北京、湖北，这三个地方分别相隔千里之外，但对于台湾女孩刘乐妍来说，却格外充满意义：台湾代表了她的成长，北京记录了她的奋斗，而湖北则饱含了她的乡愁。乐妍的爷爷是国民党迁台老兵，而爷爷的家乡正是这里——湖北省恩施土家族苗族自治州宣恩县高罗镇九间店村。

宣恩传统民居

2020年11月底的深秋,乐妍再次踏上了重回故土的旅途,看看家乡的亲人,看看爷爷儿时住过的老房子,给曾祖父母修个墓碑了却心愿,也正是这次旅程,乐妍听说了家乡脱贫一年了的好消息,对于乐妍来说,大陆的扶贫并不是很熟悉,也没有过多地留意,而这一次,却令乐妍感触颇深。

宣恩县位于湖北省西部,地处武陵山和齐跃山的交接部位,是云贵高原的延伸,全县山高平地少,长期被评定为贫困县。乐妍爷爷儿时生活的九间店村便是宣恩县的一个普通山村。如今的这里,一望无际的柚子园,畅销网络的蜂蜜柚子茶,四通八达的交通网络,还有保护与开发并行的丰富旅游资源,让这里百姓的生活蒸蒸日上。

宣恩贡水白柚

在九间店村，家家户户盖有干净整洁的小楼，远离干线道路的人家都被易地搬迁至村内建设的楼房，孩子们上下学全部由标准校车接送。村里还盖有活动与娱乐中心、四点半学堂等文化娱乐区域。这些都让乐妍感慨道：爷爷曾经给自己讲述的那个穷山沟沟，如今乡亲们生活都变好了，或许爷爷看到会更加欣慰。

更令乐妍感慨的是，这里依旧保持着青山绿水！经济的发展往往会导致自然环境遭到一定程度的破坏，但是在宣恩，不但没有破坏生态环境，反而天更蓝，水更清，人与自然更加和谐了。大陆的扶贫，让乐妍赞叹不已。

大陆这些年的经济发展，发达地区与大城市脚步很快，但对偏远

宣恩自然风光

宣恩自然风光

贫困地区不能放弃，所有同胞都富起来，中国才真的算强大起来了。近几年，像宣恩县这样曾经的贫困县，都在因地制宜地推广与扶持经济作物种植业、村镇企业、农产品加工业等产业，并将贫困地区的每一个创收因素都与互联网相连，通过电商交易、网红带货、产品线上推介等方式为村民们打开销路提升需求，创收致富。就在乐妍回到宣恩县九间店村的时候，这里举办了热闹的白柚网红直播大赛，吸引了周边不少人前来参加。

从演艺行业走进田间地头，为乡村振兴贡献台湾青年力量

编者·祁迹（根据刘乐妍口述整理）

我现在工作在河南，做电商直播带货。

它（直播带货）不只是要卖出去而已，前面的选品，还有你拍视频的引流，然后还有后面的售后一条龙，一个环节出错，直播带货都做不起来。其实那个工作，本来老板一天让我播两个小时，但是后来我发现，努力多劳有机会多得，所以我是自己把时间加长的，加到五个半小时。

像我现在也会接一些乡村的助农带货的直播，其实也是希望以自己台湾青年的力量，为我们祖国的乡村振兴尽一份力。然后也是奔着"助农大使"的头衔去的，因为我真的觉得这份荣誉对我很重要。我不想让人觉得我只是一个卖货的人，我希望能为老百姓做一些事情，所以我接这个活。

看到我们来助农，当地人都对我们很友好，因为能帮他们多卖一点。我印象很深刻，一个老伯伯拉着我的手说，姑娘你一定要帮我们多卖一点。我说好，我一定全力以赴。

像当初去卖橙子，卖湖北秭归脐橙，我发现原生态的橙子因为没有打药，所以橙子有的皮会稍微皱一点，有的会看起来皮厚一点，皮薄皮厚，这就是因为原生态不打药，它才会长得每个都不一样。还

有关于樱桃的故事，太阳光照多的樱桃会裂变到一半，如果是大棚樱桃不照太阳的，每个都很漂亮。所以你如果拿到双胞胎樱桃，反而可放心吃它。我涨知识了，就去给大家科普。

他（粉丝）只要来我直播间下单，都是相信我、爱我的人，我当然也爱他，我不能拿他的信任跟爱还有钱开玩笑，我一定要帮他筛选到真的物美价廉、产品对得起价格的东西，我才敢卖（给）我的粉丝。

我的爷爷是湖北人，奶奶是江苏人，外婆是浙江人，外公是安徽人。我其实来大陆已经7年多快8年了，我住在河北。我真的很希望（现在岛内的）台湾人可以买张机票来看看，因为大陆真的是日新月异。我最近做了一个节目"大家好，这么近那么美，乐妍带你游河北"，就是想让更多台湾人知道，河北省（有哪些）好吃好玩的地方。我深有感触，河北有很多好东西没被知道，录制这个视频给台湾人看，也是想让台湾人知道：连你们很少听过的河北，现在都这么地好，你们还不赶紧来看一看？

栾晓芸

身体力行讲好神州大地上动人鲜活的中国故事

作者·栾晓芸

我出生于台湾省高雄市，2008年以前，我对祖国大陆的了解局限于爷爷的故事和父亲每年回家的只字片语里。

1949年，爷爷的生命出现巨大转折。那年6月，他还是一个17岁的孩子，一个贫苦的农民，如往常一样挑着扁担上街卖花生。济南战役让许多流离失所的人涌入青岛，引发了粮荒，一名军官命令我爷爷将剩下的花生全部送到军营。

第二天早晨，爷爷与家人简单告别便出发了，谁曾想这一别就是40年。士兵用枪抵在他脑袋上，将他押上了撤退的船只。虽然士兵没有扣下扳机，但是命运却朝他开了一枪。爷爷的故事仅仅是那个年代数万人命运的一个缩影，漂泊、没有归属感，战争带来的混乱动荡、朝不保夕，每一次征伐可能都是永别。回家成了奢侈品，回乡也成了爷爷的精神支柱。

1979年1月1日，《告台湾同胞书》发表，呼吁早日结束两岸同

栾晓芸与爷爷

胞之间音讯不通、来往断绝的局面。爸爸谨慎地将通行文件塞在脚底，陪伴爷爷一路从香港、广州，辗转回到了青岛。40 年后，他拥抱了幸存的家人，也终于再一次回到了祖国的怀抱。儿时，每当爷爷将故事说到这里，他都会轻叹道："大陆很大，有 200 多个台湾这么大，有机会你要随你父亲多走走，去看看你的家乡。"

爷爷对这片土地的热爱和大陆包容鼓励的政策，使我爸爸在 1993 年毅然决然回到大陆发展，工作繁忙的他，每年只有过年时回家一次。小时候我总是吵着要和爸爸一起走，因为我想天天见到他，也想去看看我的故乡。一直到我 10 岁那年，两岸正式实现了"通邮、通商、通航"，过去的"咫尺天涯、重重阻隔"变成"天涯咫尺、处处通途"，父亲也终于同意了我的请求，带我们一家来大陆定

济南第一团

该团前身为山东人民抗日救国军第3军第1大队,后发展成为胶东八路军主力部队。解放战争初期,参加过莱芜、孟良崮等战役。1948年9月,人民解放军华东野战军发起济南战役。网络图片:原来自于人民网报道。

栾晓芸的爷爷(右)与父亲(左)

居生活。

初来乍到，适应不同的生活习惯、学习拼音和简体字、系好一条红领巾等，都是摆在我面前的困难。同样是那一年，奥运会的胜利举办、神七升天的举国同庆、汶川地震的众志成城，都让我的民族自豪感不断加深。我对华夏民族的身份认同，来源于爷爷思乡归乡的炽热，也来源于父亲在此生活发展的笃定，更来源于每一个平凡却充满民族精神的人。他们的言传身教，让我对这片广阔的土地充满了好奇。

在祖国大陆生活期间，我惊奇于56个民族之间的求同存异，赞叹于辽阔土地下跨越不同纬度的四季分明，从靠海吃海的海洋文明渐渐接触到了博大精深的农耕文明。我更加立体地了解到祖国历史人

栾晓芸（左四）及师门同学和导师（向勇，左三）毕业合照

文、自然地理和经济社会发展。我发现每个人对于这片土地的热爱，根植于心、传递于行、持于生命，就像初生婴儿眷恋母亲温暖的怀抱一样。无论是漫步于校园，亦或是游历于祖国山川，每一个角落我都与民族文化不期而遇。习近平总书记曾说"伟大出自平凡"，渐渐地我开始关注历史长河下每一个平凡人，希望能通过自己的方式讲述他们不平凡的故事。

在过往的求学之路上，我有幸就读于中国传媒大学，后在北京大学广播电视专业读研深造，努力将所见所闻、所思所想通过影像表达出来。在读期间，我前往四川达州的"花田艺绘"公益项目，通过艺术激活在地资源，为乡村振兴出一份力。我前往江西抚州参加全国大学生影像工作坊，通过影像作品传播抚州传统文化和地域特色，

《风味人间第三季》拍摄现场。栾晓芸（左五）

推动中华文化的创新转化。我参与《风味人间》纪录片拍摄，从全球视角审视中国美食的独特性，探讨历史演化过程中人与食物的关系。更幸运的是，我执导拍摄中国文化产业新年论坛宣传视频，记录北京大学文化产业研究院的廿载峥嵘、砥砺前行。

作为一名台湾青年，我也创建了以两岸信息差为主题的自媒体账号，希望通过微薄之力，展现两岸之间的趣闻轶事；将祖辈的故事改编为话剧，在全校师生面前表演，让更多人知道如今的安定来之不易；新冠肺炎疫情期间，老师曾教导我新时代大学生抗击疫情最好的方式就是更加努力学习，全国港澳台学生征文一等奖、北京大学特等奖学金、北京大学优秀防疫专员、江西省抚州市全国大学生影像创作一等奖等殊荣，是对我最大的鼓励。

栾晓芸

我成长过程中每一次转变和机遇，看似巧合，如今回想起来都有必然的因素。我认识到艰难与信念在这片土地上结合的不易，因为信念，一代又一代人前仆后继，创造出了傲人成绩。这使我心底拥有了一份沉甸甸的责任感，我希望能身体力行，讲述好神州大地上动人鲜活的中国故事，将中国共产党带领中国人民执着进取的故事告知于人是我的事业，让发生在此地的故事继续发扬光大是我的志业。

栾晓芸

最后，我想分享爷爷和我说的一段话：我由衷希冀国家能繁荣昌盛，护我儿女三冬暖、春不寒，免受离散之苦。我期许子孙后代能为这样共同的愿景发光发热，不因为历史弥留下来的创伤而轻易决定爱恨。在这片土地上，满怀谦恭与敬畏，热爱和平，尊重生命。学会包容与开放，以世界的眼光兼收并蓄、博采众长。

我是栾晓芸，一名在北京奋斗的台湾青年，踔厉奋发、勇毅前行！

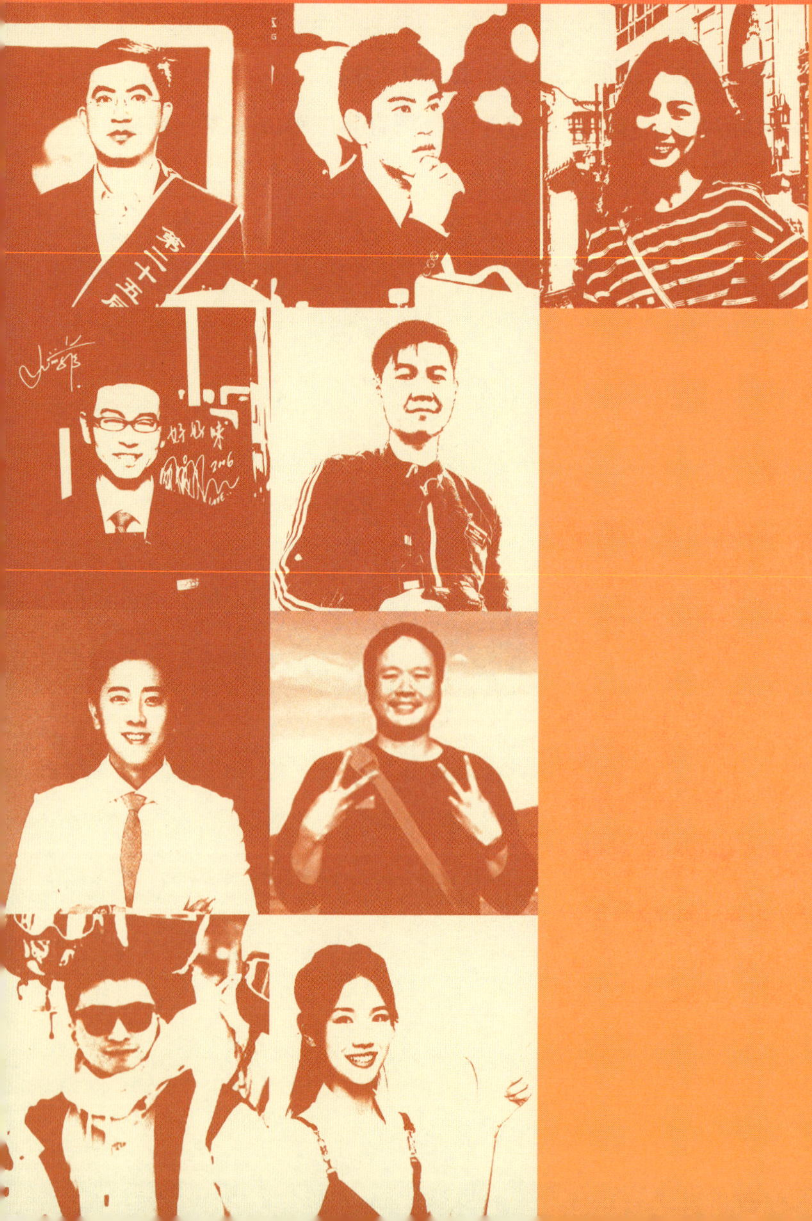

四

共筑未来

两岸青年的梦想与担当

林书任

从北大博士到大凉山"乡青"

作者·马婷婷

"我是大凉山的乡亲林书任。"

台湾青年林书任仅用了这样一句话介绍自己。而在他起初设定的人生道路中，从未想过会与四川大凉山发生如此深刻的联结。

其实，在他身上的标签很多，从台湾青年到北大博士再到大凉山"乡青"。

"这个青是青年的青，是指扎根于大陆乡村的青年。"

四川凉山州冕宁元升农业科技有限公司副总经理林书任称，他从北京大学博士毕业以后，便追随父亲的脚步来到了四川大凉山。

"我从台北到北大，是因为我对中国传统文化很感兴趣。我会跟四川大山结缘，则是因为我的父亲。"

2013年，林书任从台北进入北京大学的国际关系学院攻读博士学位。而他的父亲林春福，早在1991年就来到大陆发展工艺品事业，2011年，60岁的林春福突然决定隐退去大凉山种橄榄做橄榄

林春福（右）、林书任父子俩

油，"我父亲说自己的梦想是做出中国乃至全世界最好的油橄榄。他还说，要真正认识这个时代，就要到最基层。"

对于父亲的决定，起初全家人都不理解。

"我父亲突然说去种橄榄，而且我在北京还要帮他去卖橄榄油，不然就不给我生活费。"

林书任笑着说，自己在北京是一边读书，一边靠卖橄榄油养活自己。但最终，父亲的那份执着和热爱深深打动了他，而且也因为大凉山的贫困问题，让他慢慢意识到这个产业将会带来的社会价值。"那一刻，我就决定放弃在北京的工作机会和优越的生活条件，从北大博士转变为山区乡青，到大凉山跟他一起疯狂。"十年来，林家父

2020年，林书任在大凉山的油橄榄基地

子的油橄榄，已经从第一批种植的 600 亩发展到了如今的 2.5 万亩，油橄榄种植产业带动当地 9800 多农户的年人均纯收入增收 3 倍以上。林书任说，第 6 年进入丰产期后，农民用土地入股参与每年 36% 的分红，同时约定，其间如果发生自然灾害，村民还有每亩 400 斤大米的保底收益。

深加工后的特级初榨橄榄油，当地村民给它取了个彝族名字——木都哈尼。在彝族语言中"木都哈尼"是火焰的意思。当地村民解释，林家父子的到来，带来了脱贫火种，台湾和大陆联手，点燃了致富的希望。

2021 年，林书任多方奔走，组建了大凉山首家"春风新农人培训中心"，计划每年培训 5000 人次，培养一批有技能、有理想、有追求的新农人共同助力乡村振兴。而对于乡村振兴，林书任有着自己的理解。他认为，乡村振兴首先最迫切的是如何让这些留守老人跟留守儿童过上更好的生活。林书任以自己在大凉山为例，通过发展一个产业，带动当地农户，尤其是留守老人能够有一个可持续收益，让他们不再向子女伸手。

"通过产业来带动乡村振兴，首先解决的就是老人的尊严问题，接下来就是解决他们的家庭矛盾。"

林书任认为，这样不仅是通过这个产业来证明他们的社会价值，而且还可以让他们活得更有尊严。在此期间，他也感受到国家精准

林春福、林书任父子与大凉山的乡亲们

扶贫在大凉山的作用力，一条条高速公路、网络设施和产业基地很快建成，曾经贫穷落后的大凉山一年一变，"国家在偏远地区的投入是不遗余力的，我认为这是人类史上的创举。"

"我们希望能够透过这些公益的力量，去扩展当地小朋友的视野或能力，也能够有朝一日带他们走出大山、走向世界，更好跟这个世界接轨。"

林书任认为，除了以产业带动农户，还需要借助一些公益力量去助力乡村振兴。目前，林书任已经跟一些基金会合作，定期派一些志愿者到大凉山举办一些助学活动，另外，他还经常组织北大学弟

林书任获得四川青年五四奖章

学妹奔赴大凉山，前往考察产业扶贫和教育情况，并到当地支教，跟孩子们一起交流，努力开拓他们的视野。"可能乡村振兴的终极目标，还是希望能够有更多的返乡青年。"林书任感慨道，如果有更多的青年返乡创业，或者说他们以能够在家乡工作而感到自豪，那么乡村振兴基本就完成了一个很大的里程碑。

"从自己富到大家富，父亲逐步实现在大凉山区的中国梦，有效带动宏模镇7个村村民脱贫奔小康。"

林书任和父亲这些年来的所有努力，也被社会各界看见并认可，今年5月，林书任获得"四川青年五四奖章"，在大凉山的创业让他找到了实现人生价值的广阔天地。而这个奖章对他来说则意味着两方面，一方面是对他过去在四川大凉山工作的肯定，而这点也令他感到非常欣慰与振奋；另一方面就是这背后代表的责任，"我们不仅仅是在做自己的产业，也希望让更多的当地青年、大陆的同好甚至台青能够共同参与到这个事业里来。"

"我在北大求学时，北大的老师和同学们所拥有的国际化视野与宏大格局，让我印象深刻。"林书任感慨道，我的老师和大陆同学朋友经常让我感觉，他们关心的不只是他们的个人感受或家园利益，而是天下百姓的安危与幸福。我很感激过去能与有这样大格局的师友们交流碰撞，时时提醒我要有为天下苍生谋福之志，需要尽心琢磨为天下苍生谋福之道。青年兴则国家强，青年其实是国家未来发展的主力，青年要勇于去冒险，或者去承担一个更大的历史使命。他表示，台湾过去在乡创和文创方面起步较早，台湾青年其实很适合把这样先进的理念或技术带到大陆来一起去发展，这其实是一个比较能够

2022年11月，林书任在厦门参加交流活动

自我实现和具有社会意义的事情。"从大我和小我来看，我觉得都是一件双赢的事。"

林书任建议，台湾青年可以试着更勇敢一些，借助这样难得不遇的历史机遇去证明自我价值，"祖国大陆的各项发展政策、美丽的绿水青山，还有广阔的市场机遇，能够助力我们每个人梦想成真！希望我的故事也能激励更多的台青到大陆实现梦想，参与到两岸关系融合发展的大潮中来。"

朱承恩

深深期待和珍视两岸关系稳定发展，这是我的信念和每天工作的动力

作者·王丽

弘一法师曾说，世界是个回音谷，念念不忘必有回响。台湾青年朱承恩因为一次旅行爱上北京，从此对北京念念不忘。14 年后，他终于如愿来到北京工作，在他热爱的餐饮行业扎根发展。

如愿来到北京工作

2000 年，朱承恩顺利考上大学，为此家人奖励自己一起到北京旅行。朱承恩一来到北京就被这座充满浓厚历史文化气息的城市深深吸引，驻足北京仿佛穿越千年时光，历史的脉络在脚下悄然铺展。他走进故宫，踏古寻韵的每一步都是千年回响；他步入颐和园，历史的尘烟在昆明湖上轻轻拂过，每一缕都承载着千年故事；他爬上长城，行走在古老的城墙上感受风从历史的深处呼啸而过，每一丝都带来无尽遐想。北京的古都文化让朱承恩印象深刻。

"2014年，在一次工作转换的过程中，有一个可以到北京工作的机会，于是我做了尝试，非常幸运，最终如愿来到北京工作。"一下飞机，与北京阔别14年的朱承恩发现，相比2000年时北京已发生翻天覆地的变化，"我感受到北京建设发展迅速，国际化程度不断提高。除了来自五湖四海的朋友，还随处可见外国面孔，感觉处处是机会，人们充满激情，生机勃勃"，朱承恩激动地说。

在北京工作的10年间，朱承恩不仅见证着北京的蜕变和发展，自身也在投身餐饮业的实践中加速成长，如今已成长为北京一家餐饮有限公司的总经理特别助理，"尽管现在各行各业都面临挑

朱承恩工作照

战,但也相信在北京会迎来更好的未来。北京是我毕业后待得最久的地方,现在也在努力攒钱,如果有机会,希望未来能在北京置产安家"。

让民众更贴近传统美食

餐饮是人类历史和文化发展的缩影,不仅反映社会变迁,也是人类创造力和交流的象征。中华饮食文化悠久且博大精深、难以复制,从深山到闹市、从长江以南到黄河以北、从台湾到大陆,尽管略有不同,但祖先的智慧、师徒的心决、食客的领悟和美味的每个瞬间,无不在用心创造中代代相承与发展。"在饮食喜好上,不同地区都有不一样的饮食偏好。京台两地的口味差距也可以说是南北方口味的差异,加上台湾是海岛,海鲜的使用在餐点中会比北方更多一些。以我们餐厅来说属于淮扬菜系,口味以食材本身的鲜味为主,相较北方而言比较清淡。但北京是一个多元包容的城市,食客来自全国各地,只要勇于创新,每一种菜系在北京都能找到立足之地。"

对于传承中国传统美食文化,朱承恩以小笼包为例。从 2004 年在北京开第一家店起,店中一直配备开放式厨房,许多来自大江南北乃至世界各地的客人在厨房外,看着厨师们使用老面发酵,注重湿度温度,固定比例的肉馅以及黄金 18 折的包制,会有不一样的体会。现包现蒸的餐点送至客人桌上,再加上专业的介绍,让民众更贴近传统美食,而这也一直是朱承恩努力的目标。

转眼在北京已工作 10 年,朱承恩深深感受到,在北京这座国际化的大都市，他看到的不仅仅是高楼大厦的繁荣景象，更看到了中华民族伟大复兴的大潮。这种复兴并不仅仅体现在物质层面，更体现在思想观念的更新和文化自信的提升。作为餐饮行业的一分子，朱承恩深知这种复兴对于行业的深远影响，这种影响既体现在行业内部的转型升级，也体现在行业对外的影响力提升。

"北京市一直对优化营商环境很用心，也是一个国际化的大都市，吸引了各式各样的产业。近来北京市餐饮行业协会发布了各式各样的活动，譬如北京国际美食荟举办的北京边吃边逛主题路线游，有胡同、书店、大运河、戏院、商圈等不同路线，让民众可以体验现在最

2015 年朱承恩代表单位领奖

流行的 city walk，还能享用美食，不论是游客或是本地民众都能做到更深度地体验。"

期待和珍视两岸关系稳定发展

这些年，朱承恩参与过不少由台协组织的青年交流活动，比如台青篮球赛、爬山净山公益活动等，从中认识了一些在京台胞和北京本地各行各业的朋友。"通过交流，大家沟通信息、互通有无，不仅助力我们跟上前辈的脚步，也能帮助新来的台湾朋友更快地融入北京。

朱承恩参加 2023 年在京台湾青年研习营

希望两岸能举办更丰富多元化的交流活动，增进了解、加深友谊。"

2023年11月，朱承恩参加了2023在京台湾青年研习营，参访了河北雄安新区，亲眼目睹雄安新区的生机和快速发展。朱承恩认为，新区的规划充分考虑了环境保护，融合了现代科技和绿色生活理念，使其成为一个充满活力和可持续性的存在。白洋淀的治理作为雄安新区发展的一部分，也为环境治理和可持续发展树立了榜样。过去白洋淀面临环境污染和水质恶化的问题，政府采取积极措施进行环境治理，改善了当地居民的生活质量，同时保护了生态环境。新区的治理充分展示了政府对环保的决心，也为新区的可持续发展奠定了坚实基础。这与餐饮业可持续发展的行动方针是一致的。

"作为一名在京'台青'，我深深期待和珍视两岸关系的稳定发展，坚信只有在和平发展的环境中我们才能更好地发展经济、提高民生水平，这也是我的信念和每天工作的动力。我相信只要我们坚持和平发展，坚持创新发展，一定能实现中华民族伟大复兴的目标。"朱承恩坚定地说。

李胤志

让患者看到光明是我的梦想

作者·鲁丽玲

"有两样东西,我对它们的思考越是深沉和持久,它们在我心灵中唤起的惊奇和敬畏就会日新月异,不断增长,这就是我头上的星空和心中的道德定律。"

康德的这句话就在李胤志办公桌的玻璃板下,伴随他走过了日日夜夜,成为他一路前行的航标。

李胤志,北京星创视界眼科医院副院长,一位从患者到医者、从视网膜组医生到近视手术医生的台湾青年。从台湾到北京,他用13年的时间,走过了学习、工作乃至成家的历程,"10年前我设想过未来的样子,而现在在北京工作、生活,正如其所是地发生,一切都刚刚好,这就是我想要的样子。"

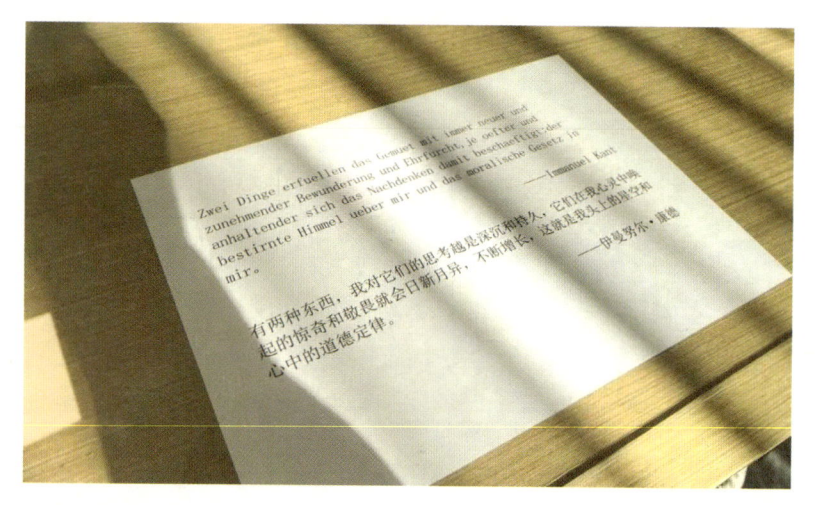

康德的话就在李胤志办公桌的玻璃板下,激励他前行。(供图:李胤志)

梦想的掌舵者

出生于商业家庭,李胤志没有子承父业。"小时候在诊所,看到医生对病人又专业,又温情,医生与患者之间的情景总是在我脑海里出现,我也想做一名医生。"在李胤志看来,阳光普照万物,驱逐黑暗,医生如阳光一样。仰望星空,他选择了向阳而生。

2010年,李胤志在台湾大学办理了休学手续,来到北京大学医学部,用9年的时间完成了本科与硕士研究生的学习。

"北京大学对学生有非常完善的培养体制,除了理论知识这一部分,对即将成为医生的我们的训练也非常周密严谨,从见习医生、实习医生到住院医生,都有一套完善的体系。"

针对眼科，北大对医生的培养需要在医院经过角膜组、白内障组、青光眼组、屈光组、视网膜组的训练，眼科所有的疾病都要非常了解。"医院有大量的病人需要现场处理，虽然非常累，恰恰是这种丰富的临床经验让医生对疾病更了解、对病人更负责。"

2020 年离开三甲医院后，李胤志走入北京星创视界眼科医院，转战近视眼科治疗领域。

在医院三楼的诊室里，笔者见到穿着白大褂的李胤志耐心接待每一位病人，一些专业词语会进行特别的解释，医生与患者之间的温暖在流动。

北京星创视界眼科医院副院长李胤志。（供图：李胤志）

对于为什么能做到如此细致、耐心，李胤志的回答明快而又简洁，"让患者看到光明是我的梦想啊！"

作为曾经专攻眼底治疗的医生，北京大学打下的理论基础让他在近视治疗领域也更加游刃有余，"我能更好地把握患者的眼底情况，给出综合治疗方案。"

作为北京星创视界眼科医院副院长与台湾瑞光眼科医疗集团屈光手术特约专家，李胤志不但在事业上取得了成就，也收获了人生的幸福。

"我一直觉得在北京上学工作，是件非常幸福的事情。随着自己的成长进步，比台湾的同龄人有更多的选择，在事业上我有明确的规划，在人生上我有更广阔的角度。"

儿行千里母担忧，但李胤志的父母对他独自在北京的生活却充满了自豪与欣慰。"我父母一直从事对外贸易，走过很多的国家，对于我能在北京成长与发展很安心。"

求学的探路者

李胤志出生于台北，如果不是因为一个小时候的梦想，他可能也和其他同学一样，在台湾上学、工作和生活。

然而，一个消息改变了他的人生轨迹。2010年起，大陆高校开始依据学测成绩招收台湾高中毕业生。招生信息登在报纸上一个小小的角落，却吸引了李胤志的全部注意力。

祖籍福建漳州的李胤志，已经是祖辈迁台后的第17代。"在大

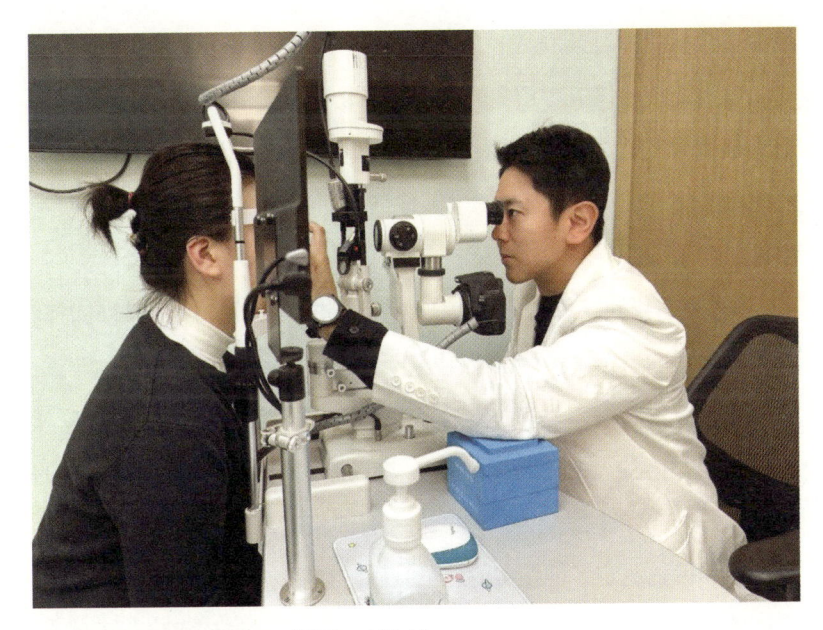

李胤志正在为患者做检查。（供图：李胤志）

陆没有亲戚朋友，除了很小的时候来大陆旅游过一次，一切都是未知的。"

李胤志对北京的印象，来源于家里一张小垫板上的北京市地图。在地图上的诸多地标中，"北京大学"吸引了他的注意，"那时我刚上小学，听说北京大学是非常好的学校，之后我心里就一直留有这个印象，对它很向往。"

2010年4月14日上午10时，国台办发言人范丽青在例行新闻发布会上指出，自今年（2010年）起，凡在台湾参加学测考试，成绩达顶标级的台湾高中毕业生可直接向大陆123所高校申请就读，经面试合格后即可录取。

首批面向台湾高中招生的高校中,北京大学赫然在列,这成为李胤志最重要的人生选择。"看到学校名单里有北京大学,抱着试一试的态度投考了。"凭借出色的学测成绩和面试表现,他被北京大学医学部成功录取。

"医生是我的梦想,北京大学也是我向往的学校。在合适的时间发生了合适的事情,一切都刚刚好。"

作为百年名校,北京大学的教育、教学之严格,让李胤志感受颇深,也受益匪浅。提起那段时光,李胤志说,那是一段激情燃烧的岁月,每一个学生都全力以赴,北大有严格的淘汰机制,优中选优。这种培养模式奠定了他扎实的理论基础,在后来的临床实践中,他也真正体会到了基础的重要性。

行业的创新者

对于自己从事的专业——眼科,李胤志表示,大陆有广阔的市场,既有能力引进最先进的设备,又有能力以规模化推动技术进步。随着社会的发展,精细化与高端化的医疗需求将会越来越多,主打优质技术和服务的私立眼科诊所,有着光明的发展前景。

目前,李胤志一方面积极参与各种学术交流,及时学习国际前沿的先进诊疗技术,努力提高自身技术水平;另一方面,联合北京、上海等城市的专业力量,积极组建一支优秀的眼科医疗团队,并与多家大型眼科机构合作,开展眼科手术远程支援与培训。

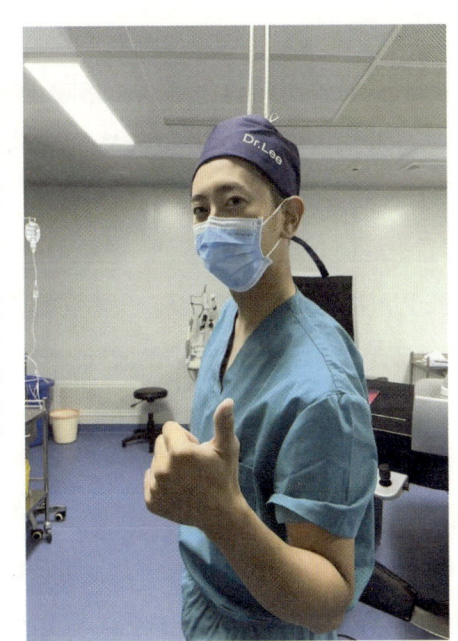

为患者做完手术的李胤志。（供图：李胤志）

"未来我希望可以建立一个平台，搭建医患直接沟通的桥梁，将更好的医疗资源连接各地，医生可以飞往患者所在的城市，让患者在家门口享受优质的看诊和手术。"

"小时候，我可能只想做个医生，而如今，我不但能够接触到最新、最前沿的医疗技术，更重要的是我可以利用专业优势，组建医疗团队，打造近视防控、治疗方面的医疗平台，制定系统化、标准化的医疗体系，这对我的一生来讲，是非常有意义的。"

很多台湾同龄人可能还在庆幸"小确幸"的生活，李胤志不但实现了"让患者看到光明"的梦想，还在努力打造医疗领域的系统化与标准化。

"我们都在自己设立的边界里生活，在北京，我重新定义了边界的含义，它不一定是向内收缩的界限，而是向外突破的张力。它是一种可能性，边界存在的意义，就在于可以拓展。"

在李胤志看来，每个人的坐标不同，社会的参与度也不同。对医生而言，第一层解决病人的病患；第二层需要参与社会的经济、管理秩序；第三层用自己的力量推动经济的前行、社会的发展以及人类文明的延续。

交流的践行者

在大陆走过13年的历程，李胤志成为了地道的北京人，对北京的四合院、饮食文化、胡同文化、京剧等耳熟能详，"越了解越能感受到骨子里的血脉相通"。

在李胤志的眼中，北京不仅有内涵丰富、博大精深的老北京民俗文化，更有与时俱进的经济发展和社会进步。城市副中心建设、大兴机场建设、京郊怀柔科学城建设等，一幅幅生动画卷徐徐展开。

在两岸之间往返，每次在台湾看到绿营媒体对大陆的抹黑，李胤志都深深叹息，绿媒垄断民众信息获取渠道，造成了民众对大陆的误解和偏见。

凝视办公桌垫板下康德的话，李胤志表示，在追求知识与探索世界的过程中，他永远记得自己是中国人，一个大写的中国人，"仰望星空，不忘来时路，永远正道行，这是我心中的道德准则"。

"沟通是医患双方建立信任的基础，两岸之间也需要沟通、交流。我以自己在北京的切身经历，向身边的朋友证实什么才是真正的大陆，希望两岸的民众多交流、交往，希望两岸光明耀我中华。"

李浩云

来大陆的初衷是发展，世界上哪有随随便便的成功

作者·王丽

英国作家约翰·威廉·斯特林在《勇敢的心》中提到，"勇敢的人先享受世界，怯懦的人永远活在他们制造的恐惧中"。台湾青年李浩云，就是一个勇敢的人。2018年，在两位大陆博士学长推荐下，李浩云只身前往福建工作，并在同年考取北京体育大学研究生。毕业后，他成为北京一家体育公司的专业脊柱侧弯康复师，也是一名活跃于两岸体育交流的运动达人。

凌晨三点决定未来之路

李浩云从小喜欢跑步，好胜心强，体格强健的他一直是运动会上的风云人物，高中时期受田径队教练指点，走上了专业训练和比赛的道路。高中毕业后，李浩云凭借优异成绩考入台北市立体育学院（今台北市立大学），因考虑到自己的运动能力在世界比赛中拿不了

名次，他果断选择了运动康复专业。

在大学期间，他观察发现运动康复行业在台湾发展有限，因此萌生前往大陆发展的念头。"他一向都很认真，且很有主见，显得比许多同龄大男孩成熟。"这是李浩云身边朋友们对他的评价。

2017 年，两位来自大陆的博士生学长在和李浩云闲聊时突然问他："浩云，你想不想来大陆发展？"学长们这么一问，立刻引起了李浩云的注意。他心想，也许自己真的可以在大陆继续深造学业，再留下来工作呢。

那晚直到凌晨 3 点，李浩云都是失眠的状态。他拿起手机开始搜索运动康复专业在大陆的硕士招生情况，一心想去首都北京看看的他，搜索出来北京体育大学，正好北京体育大学开设了运动康复专业，而且向港澳台学生开放，那一刻李浩云如获至宝。

本科毕业服完兵役后，李浩云报考了北京体育大学硕士研究生。由于离招生考试和入学还有一段时间，李浩云决定先去大陆看看，来自大陆的博士生学长便热心介绍他到福建一家医疗体育产品公司工作。

拿三件行李只身前往大陆

"浩云，你确定要去大陆吗？你在那边没有亲戚，只有你自己一个人。"去大陆的前一天晚上，母亲问李浩云。李浩云告诉母亲自己前往大陆学习、工作的想法不是一时冲动，是经过深思熟虑、认真考量后的决定。第二天李浩云只拿 3 件行李只身前往大陆，2018 年 1

月10日这一天，李浩云来到了福建。

到公司就职后，李浩云非常拼命，一周7天不休，还兼任健身教练。回忆这段时光，他笑笑说"赚得很多"，而且这样的工作量他已经习惯了，在大学期间他边上课边打工，经常早出晚归，晚上10点后结束工作回宿舍是常态。福建工作期间，李浩云飞了一趟香港参加北京体育大学的研究生入学考试。通过考试后的同年9月，李浩云辞去福建工作，入学北京体育大学。

由于在北京的一切开销由自己负担，李浩云四处勤工俭学。就读期间，他担任了北体大篮球队队医，有人遇到运动损伤时，他发挥自己的专业特长，有针对性地为患者定制适合的治疗方案。之后经北体大导师引荐，他开始担任中国短道速滑、冰壶和花滑国家队运动员的康复师。

那段时间，由于需同时兼顾学业与工作，李浩云忙得就像陀螺，每天下班回去已是晚上。在回校的车上，他经常思绪万千，想到自己原本在福建有工作有收入，现在来到北京没工作没收入，而且每天开销很大，压力倍增。"累到不行的时候，眼泪都要掉下来了。会想家，也会反复问自己来北京到底是不是正确的决定。"但李浩云从来不是一个轻言放弃的人，李浩云认为，自己来大陆的初衷是发展，世界上哪有随随便便的成功，所以不管多苦也要熬过去。在北体大他收获了专业上的进步，也认识了现在的女朋友。

毕业后，经当初在福建工作时的同事引荐，他成为北京一家体育公司的专业脊柱侧弯康复师，专攻脊柱侧弯康复。工作期间，李浩云更有幸接受了巴塞罗那脊柱侧弯矫正学院的培训并获得认证，目前

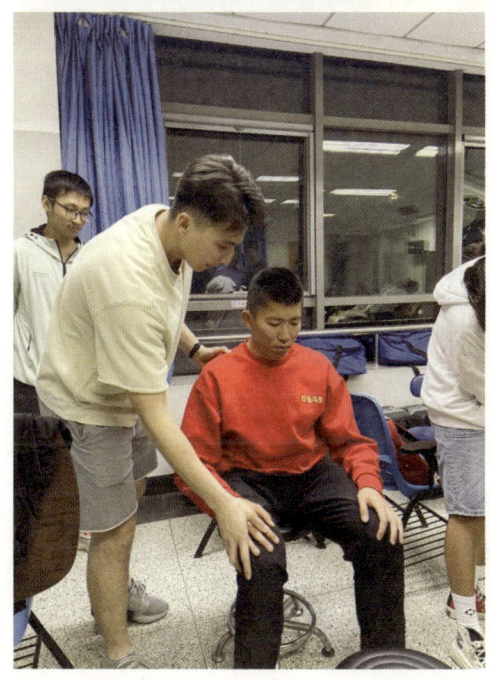

四·共筑未来｜两岸青年的梦想与担当

李浩云硕士研究生就读期间给学生们上课

235

正协助公司将这一国际康复课程引入大陆。

谈及大陆的运动康复行业，李浩云认为非常有前景，随着全民健康意识不断提升，对于受伤的群众来说，运动康复已经快要变成一种刚需了。而且运动康复面向的群体广泛，覆盖了青少年、产后妇女、老年人等，市场潜力大。李浩云计划开设一间运动康复工作室，"当我们受伤了，在医生诊断无大碍后的修养阶段，由运动康复师量身定制一个治疗和恢复方案，这就是我的专业，也是我未来要在北京发展的行业。"

李浩云感受到，北京的运动康复产业有非常大的优势，北京的医疗资源丰富，三甲医院多，运动康复方面的国际交流很频繁，这些都有利于行业进步。"北京是首都，发展节奏非常快，市场淘汰率非常高。因此无论从事什么行业，都要承受竞争压力，不断提升自身硬实力。"

三重身份于两岸筑友谊桥梁

除了是运动康复师，李浩云也是篮球、飞盘运动员，还是潜水教练。热爱运动的他活跃在各大体育赛场，堪称运动达人。2021年，李浩云从北京到重庆参加两岸青年体育文化拓展研学营，两岸青年除了在篮球、羽毛球、棒球等体育活动中进一步交流，也一起夜游重庆洪崖洞，体验川渝特色采耳，了解火锅底料熬制过程，挑战重庆辣度，给李浩云留下了深刻印象。

2023年，"跃动京台 青出于篮"京台青年篮球友谊赛在北京开

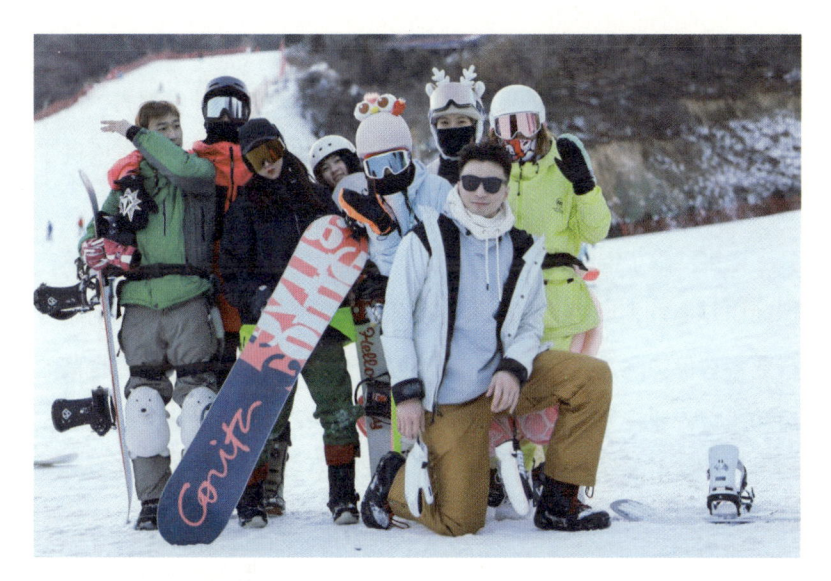

四·共筑未来｜两岸青年的梦想与担当

李浩云与朋友一起滑雪照

第三届海峡两岸青年篮球邀请赛

赛，李浩云以运动员身份参与其中，"参加体育交流活动给我最深刻的印象是，北京和台湾的朋友们在赛场上切磋球艺都非常努力，两岸运动员有不同的思维方式和战术，通过交流可以建立联系、增进了解、加深友谊。"

未来，除了继续以运动员身份参与两岸体育交流，李浩云打算在运动康复专业领域搭建两岸沟通合作桥梁。"大陆和台湾的运动康复行业各有优势，大陆的运动康复行业融合了传统的中医理念，台湾的运动康复行业较为西式，希望未来有机会组织两岸运动康复领域专家学者做知识上的交流互鉴。"

（本文原载于《团结报》2024年8月15日第3版）

连骏玮

大陆很多行业的发展，超乎自己原本的想象

作者·赵亮

连骏玮头一回来大陆是 2012 年，那是他高三毕业的暑假，跟奶奶一块来北京，去了故宫、颐和园，后来还去了承德避暑山庄。当时最让他震撼的就是景点怎么都那么大，随便一个景点就能让人在其中消磨一整天时间，甚至一天都不足以去细致感受，这是在台湾的观光景点中很难想象的。因为此行感受到了文化历史故事的精彩，连骏玮大学期间也积极参与两岸交流活动，希望去不同的地方见识不一样的风景。

在台北大学上大二时，连骏玮开始跟着系上的郑又平教授学习大中华经济圈、国际政治经济学等一系列课程，对大陆这些年来蓬勃的经济发展感到好奇，所以在大二暑假跟着老师参访了澳门、广州、珠海、北京、河南，欣赏了龙门石窟，感慨"亲眼见到这一人类文明的瑰宝比在课本中出现得更震撼人心"。在大三时又跟着老师从兰州开始走了一趟丝绸之路，一路经过武威、张掖、酒泉最终抵达敦煌，万

连骏瑀

分荣幸聆听了樊锦诗老师对敦煌石窟的介绍，也亲眼见了课本上的月牙泉。沿途不管是壮阔秀丽的景色，亦或是历史人文都让他大开眼界。这些经历，让连骏瑀在大四暑期想到北上广深来实习。

2017年大学毕业的时候，学校有两岸交流的实习机会，位于北京的太平保险录取了连骏瑀。对于一个没有任何人脉的台湾青年来说，连骏瑀刚开始在保险公司做业务时，开始时觉得"确实挺难的"，虽然"曾经想过放弃，但最后还是坚持下来"，因为"还是对未来的看好吧，也刚好都在困难的时候有人帮忙一把"。连骏瑀总结这几年的工作，感觉就他所在的保险行业，"可以看到无论是从监管或是从客户认知方面，都越来越全面。像过去可能十几二十年前，还会有人认为保险是骗人的，但是现在大家都不会这么认为，而且政府同时也在大力地推动第三支柱养老保险这一块"。

连骏瑀坦言，在台湾发展，无论从事什么行业，基本上从踏入这个行业开始，你就完全能预期 5 年后、10 年后你大概能在什么样的位置，拿什么样的薪水，就是基本都已经是可以预期的，没有什么挑战性或挑战的空间。北京包括整个大陆的市场比台湾大不少，在台湾可能比较难以取得像同样留在大陆有这么高的一个发展空间，所以那时候才会选择留在北京工作。2022 年连骏瑀从台湾见完亲戚朋友后回来，感慨"台湾这几年的发展基本就是非常地稳定，包括同学朋友的薪资也是特别地固定，就不会超出预期，极限就在那边了。但

连骏瑀

是来到了北京，交往了那么多不同行业的朋友，其实可以看到，很多行业的发展，是超乎在台湾所能想象的"。

在北京也待了将近7个年头了，连骏瑀一直都留在太平保险，从实习、试用、转正到成为业务经理，"觉得特别磨炼人，不管是对市场营销的能力、社交情商的培养、自我的管理都能有所提升，毕竟要与各行各业以及不同岗位的人打交道，所以也特别长见识，而这些所学与人脉我相信是人生中宝贵的财富"。连骏瑀的领导也对他赞赏有加，"工作非常努力也很踏实，客户对他非常满意"！

谈到未来，连骏瑀表示"基本考虑就是在北京定居了，因为我的客户，包括一些朋友们也都在北京，所以我肯定就会在北京继续下去"，"未来希望工作生活都顺顺利利，在服务好客户，给社会创造价值的同时，自己能在北京买车买房，希望大家能多给我支持"。

连骏瑀还想对岛内的青年朋友们说，读万卷书，行万里路，来大陆看看大好河山、看看广大市场，增进了解，相互成就。

丁翊凯

选择回到大陆发展，立志成为两岸之间的一座桥梁

作者·王丽

余华曾说过，童年的经历决定了一个人一生的方向。来自台湾新北市的丁翊凯，因父亲工作的原因从小就在西安读书，高二随父回台湾继续学业。从小在西安度过的快乐时光，令他对中华民族的辉煌历史产生强烈的认同感。对丁翊凯而言，西安是诗人笔下的长安，是理想之都、云端之梦，是月光高悬于上的青砖古墙，也是鲜衣怒马少年时。西安是他乡，也是故土。怀揣着对大陆的思念，2020年，在台湾完成学业后，丁翊凯选择回到大陆发展，立志要成为两岸之间的一座桥梁。

"那一刻的感动我至今都还记得"

丁翊凯父亲是西安台商协会的创会会长，印象中的父亲一直在为两岸交流忙碌。2004年，时任国民党主席连战来大陆进行破冰之旅

时探访老家西安，丁翊凯父亲作为当地台商代表去接机。父亲长期为两岸交流与和平发展贡献心力，丁翊凯从小便耳濡目染，深刻明白两岸交流的重要性。

高一那年，因父亲结束大陆方面的工作，丁翊凯随父回到台湾。因为担心自己回台湾的事情会影响到同窗好友们的学习，直到自己抵达台湾后，丁翊凯才通过学校告诉同学们自己离开的事实。回到台湾差不多一周左右的时间，有一天丁翊凯突然接到了一通来自大陆的电话，没想到这通电话竟来自自己的高中班主任。班主任嘱咐他要好好学习，还要了丁翊凯在台湾的通讯地址，班主任说班上同学很舍不得他，每个同学自发地在纪念册上写了一页想对他说的话以及对未来的祝福，并请求班主任一定要想办法将纪念册送到丁翊凯手中。电话那头班主任的声音如此熟悉又如此遥远，丁翊凯眼前立刻浮现出曾经在西安生活学习的点点滴滴，那一刻他内心泛起了层层涟漪，萌生了一颗理想的种子。

那是2008年，社交软件远不及如今普及，手机上网也不像现在这么方便，班主任从学务处那里联系上帮忙办转学手续的父亲公司职工，再要到了丁翊凯台湾家人的联系方式，又从家人那里寻到了丁翊凯在台湾的电话，可谓是千方百计通过各种途径才联系到他。回忆起那通来自班主任的电话、写满同窗好友祝福话语的纪念册，丁翊凯说："那一刻的感动我至今都还记得。"也就是在那一刻，丁翊凯下定决心，毕业之后一定要回到大陆，成为两岸之间的一座桥梁，帮助更多台湾青年来到大陆，感受大陆同胞的关爱，助力两岸融合发展。

"我们是非常幸运的一代"

2020年，丁翊凯回到大陆，因为缺乏工作经验，他在大陆求职之路一开始走得并不顺利。机缘巧合之下，他加入了一家以专门帮助台湾青年在大陆创业为特色的孵化器领域公司。"自己最大的优势是在台湾和大陆都生活了超过10年以上，不仅了解大陆，也熟悉台湾青年的思考模式和交流方式。加上自己也是来大陆发展的台胞，对于"首来族"第一次来大陆可能遇到的问题更感同身受，因此更能设身处地为台胞们提供方方面面的帮助。"公司创始人对台湾非常有情怀，愿意在力所能及的范围内帮助台湾青年适应大陆生活和创业环

2021年在公司接待珠海的大学生参访团

境，这对丁翊凯影响很大，"我很感恩曾经在这家公司工作的经历，让我找到了人生方向，这成为我在大陆筑梦的起点。"

在丁翊凯眼中，北京是自己来大陆工作的幸运福地。在北京，丁翊凯总会遇到很多与自己有相同经历、共同话题的台湾同胞，大家相处起来非常愉快，成为了好朋友。"在北京的这3年时间，我实现了曾经的梦想，与奥运冠军合影、成为北大校友、进入人民大会堂参加活动等，这里有我太多美好的记忆。"丁翊凯激动地说。

丁翊凯切身感受到，北京服务台胞的单位和机构非常多，对台胞非常用心，除了搭建平台帮助台湾青年实习就业之外，还会组织大家一起去看热门电影或与高校学生进行文体交流等，活动内容丰富多元。丁翊凯认为自己在北京感受到如同在家般的温暖，对北京有很强的归属感。

工作之余，丁翊凯还兼任过台湾青年企业家协会副秘书长的工作。台湾青年企业家协会是由一些在大陆的台企中高层管理层所成立的协会，丁翊凯在协会的主要工作是提供一个可以帮助台湾学生、台湾青年与台企直接有效沟通的渠道，比如将台企实习和就业机会精准推荐给合适的台湾青年，或通过参与不同城市的台协活动，搭建台企与台湾青年沟通的桥梁，助力台湾学生、台湾青年在大陆的发展。

"我们是非常幸运的一代，因为祖国大陆愿率先和台湾同胞分享国家崛起、民族复兴这一伟大进程中的无限机遇，这是我们这一代台湾青年能把握到的最大机会。"丁翊凯认为，台湾同胞应该勇敢走出岛内的舒适圈，来到面积百倍于台湾的大陆，在这里学习成长、在挫折中不断完善自我，成就一番顶天立地之大事业。

"扎根平潭、服务台胞是我的志向"

去年，中央出台了《中共中央 国务院关于支持福建探索海峡两岸融合发展新路 建设两岸融合发展示范区的意见》（以下简称《意见》），丁翊凯通过福建人才引进政策来到两岸融合发展示范区的最前线平潭，目前在平潭台湾创业园工作。丁翊凯工作的内容是服务园区里的台胞、台企，为他们解读政策、提供帮助，助力台胞更好地在平潭、在大陆发展。

2024年6月15日，第十六届海峡论坛主论坛在福建举办，这是丁翊凯第三次参加海峡论坛了。与往届相比，丁翊凯感受到嘉宾越

参加 2024 年第十六届海峡论坛

来越多元、越来越年轻，也越来越有代表性。这次参会的嘉宾有来自两岸不同城市和不同领域的台湾学生、台湾青年、台商、台湾社团组织等。此外丁翊凯还看到很多"首来族"，而台湾方面过来的重量级嘉宾也越来越有代表性，"这从侧面说明了岛内对于海峡论坛不断发展的认可。"

丁翊凯发现，在这次论坛举办期间《意见》被大家多次提及，成为全场焦点之一，这让丁翊凯感受到大陆对于两岸融合的高度重视和实际执行力，也让在场的台胞更有信心，相信未来大陆将会提供更多给台湾青年展现才华、实现梦想的舞台。

"和那些在大陆读书的台湾学生聊天过程中，我发现他们对大陆真的越来越喜欢、越来越有归属感。'两岸同胞都是中国人'是大家的心声，也愿意让更多的亲朋好友来大陆走走看看，主动想在两岸融合这件事上出力，越来越多地站在中华民族伟大复兴的高度上做未来人生规划。"

谈及未来，丁翊凯激动地说："非常开心来到平潭，扎根平潭、服务台胞是我的志向，接下来会认真学习并积累最先进、最与时俱进的两岸融合相关经验，未来再将这些经验带回北京或其他城市，帮助更多想要来大陆发展的台胞，以点带面更全面推动两岸融合发展。"

蓝晧

从宝岛来的非典型清华博士

作者·章云临

"历史,特别是中国近现代史,是台湾年轻人缺失的重要一课。"2018 年,本科毕业的蓝晧选择来到北京,在清华大学马克思主义学院沿着中国近现代史的脉络求索,开启了七年的硕博生涯。转眼六年过去,他在"寻根"中探索着属于自己的学术道路,也在实践中书写着属于自己的成长故事。

带着心中疑惑来大陆"求解"

蓝晧出生在台湾新北市。本科毕业之前,他一直是个土生土长的台湾男孩,教育轨迹和普通的台湾年轻人并无二致。出于天然的喜爱,蓝晧从小便对社会历史有着独特的兴趣。在作家父亲的影响和自身兴趣爱好的驱使下,蓝晧一直喜欢主动阅读和了解与人文历史相关的书籍内容。但在学校学习过程中,他却发现从课本上学到的历史似乎与自己在课外书中所了解的有很大差异。为什么二者之间会有这么大的不同？这成了蓝晧心中一个一直没有解开的困惑，也为蓝晧在本科毕业后来大陆"求解"埋下了伏笔。

被蓝晧归结为选择来到大陆的众多原因之一的，还有一个关于"祠堂名"的故事。在他印象中，小时候经常看到每家每户的老旧祖厝正门上方，写着很多他闻所未闻的地名，比如"汝南""徐州""彭城""颍川"等，这些既不是生活周遭常见的地理名称，也不全是课本上学过的台湾地名，却被用来作为各家祖厝的祠堂名。这些地方是哪里？为什么能被写进祠堂？从"祠堂名"到"近代史"，这些在岛内难以得到解答的疑惑唤起了蓝晧对"寻根"的渴望，也成为了驱

蓝晧

使他回归大陆的原动力。

2018年，蓝晧从淡江大学国际贸易专业本科毕业。经过深思熟虑，他选择放弃商科这条常规来看更具就业前景的道路，而选择勇敢地跨过海峡到北京继续求学深造，亲自"到大陆这头来看一看"。来到大陆之后，蓝晧终于在地图上揭开了自己常年的困惑，原来那些在祠堂上出现的未曾听说过的地名，并非已消失于历史尘埃的模糊的名字。它们还在这里，就在大陆这头，是大陆广袤土地上一个又一个具体的城市位置。

"每个祠堂名背后所承载的，皆是老祖先们在动乱迁徙的年代里对于故土情怀的自然流露！或许是以此方式来提醒后代子孙们不能忘本，也或许正是两岸拥有共同文化、于日常生活中的一个具体表现。"蓝晧动情地说。

沿着疑问的种子在清华园"求索"

"沿着曾经疑问的种子，不断思考'我们究竟是谁？'这一命题，继续深入求索"，这是蓝晧对自己在清华学习心路的简单概述。决定硕士到大陆深造后，蓝晧与早年已到大陆学习的学姐学长们进行了深入交流沟通，结合自己通过各种渠道搜集的学校专业资讯，最终选择报考清华大学马克思主义学院。"通过前期了解，我发现清华大学马克思主义学院并非只有纯粹的基础性原理研究，也有很多关于历史以及理论与当下现实结合的专业分支，这是我很感兴趣的方向，我希望能够沿着历史的脉络，去探索中国近现代史中的台湾，以及台湾人民在其中扮演的角色。"怀抱具体的研究目标，蓝晧被清华大学马克思主义学院顺利录取为硕士研究生。

在求知的过程中不断向自我发问，这是蓝晧学习反思过程中的一个重要维度。在中国近现代史的学习研究过程中，蓝晧更加深切地感受到，真实的历史与被台湾教材形塑的岛内年轻一代对历史的认知之间，存在的巨大沟壑。在蓝晧看来"现在岛内的台湾青年在历史知识，尤其是中国近现代史上的断裂或错乱，使得'认同'也成为现实的问题"。因此，唤起台湾青年的国家认同，应将还原与爱国主义有关的历史真相作为重要着力点。

秉持着这样的理念，2021年，在学校和各方师友的支持下，蓝晧和同专业的学姐共同组织筹办了人生中第一个个展"跨越海峡的青春之歌——日据时期台湾学生反殖民斗争"。展览全景展示了1895至1945年间，台湾青年跨越海峡来祖国大陆求学发展，并在抗战开始后积极投身抗日救亡运动、反抗日本殖民统治的光荣历史。"这段身为台胞的我们共同拥有的爱国主义历史，却已长期于岛内主流话语中被淡忘，亟待我们共同去寻回这段光荣传统。"蓝晧希望通过这次展览，重新梳理台湾民众参与抗日爱国统一战线的历史，将这段在台湾历史教科书中被一笔带过的内容，重新带回公众视线，帮助两岸青年和各界民众更多了解中国近代史中的台湾、以及台湾民众参与中国近现代历史的足迹。求索清华园，蓝晧在学习研究中逐渐拨开历史的迷雾，寻觅真实的历史，也在对"台湾在中国近现代史中的角色"这一问题的不断发问中，照见其对两岸的过去与未来的思考关切。

发挥专长助力台湾青年"求知"

转眼已经是蓝晧在清华园生活的第七个年头,他也即将在明年迎来自己的博士毕业。六年多的时光,不仅让他成为清华园里的"老人",也让他逐渐从两岸青年交流的参与者变成了组织者和"领航员"。

在同学眼中,蓝晧是一个有着很强反差萌的"高个壮汉",在他高大的外表下藏着一颗温柔、细腻的内心。和大家一块吃饭时,他总是细心地泡茶、点菜,细致地照顾每位同学。蓝晧的同寝舍友说,"我常常感觉他像我的兄长,遇到什么事情都可以找他倾诉和求助,什么时候他都会让人很安心"。蓝晧也总是十分慷慨,有时候舍友拿他的书去看,他便说:"你喜欢这本书吗?那就送给你吧。"他们时常会在宿舍夜聊,蓝晧会讲起台湾的历史,以及自己少年时期在台湾生活的故事,讲到兴头还会泡一杯茶递到舍友桌上。于是,他们在彼此分享中感受着两岸青年相似的生活经历和生命体验,也感受着两岸青年心灵深处的情感共鸣和共同期盼。

这种细致和贴心,也让蓝晧在两岸青年交流活动中具有独特的亲和力。2009 年,蓝晧第一次来到大陆便是参加两岸青年交流的学生冬令营活动。而随着年龄渐长,蓝晧逐渐从初到大陆的"萌新"成为在大陆学习生活多年的"前辈",在两岸青年交流活动中担当起了"领航员"的角色。在前不久刚刚举办的"第十二届海峡青年节——2024 年台湾学子重走科举路研习营"里,蓝晧作为北京站志愿者，带领台湾青年营员们在北京进行参访交流，并在海峡两岸交流基地——中国人民抗日战争纪念馆承担了部分导览工作，发挥专业所长向营员们讲解台胞抗战相关史实。这个带着"台湾腔"的学长受到了营员们的喜爱。临别时，组里一个男孩对他说："学长你看起来完全不像是在这边生活了很多年，我们（岛内）聊的话题你都知道哎。"这种亲切感也让大家愿意敞开心扉和他进行交流沟通，向他深入了解很多与大陆相关的话题。

蓝晧也很高兴能在两岸青年交流中发挥自己的作用，并希望未来继续在学术研究和实际行动上，为两岸交流贡献自己的力量，"通过学习以及自身研究，我逐渐清晰认识到个人在国家与民族中的定位，进而明确国家认同感，也坚定地在促进两岸和平统一的道路上，作出自己力所能及的努力"。

蔡云咏

扎实走好追梦、筑梦、圆梦路上的每一步

作者·祁迹

蔡云咏，一个 22 岁的台湾女生，她的故事不仅是北漂在京求学的故事，更是跨越海峡、连接两岸的追梦之旅。我们听到了她的声音，也感受到了那份从话筒中传来的决心和热情。

追梦 —— 成为一名优秀的主持人

蔡云咏出生在台湾，但她的成长故事却在深圳展开。蔡云咏父亲 20 世纪 90 年代时从台湾来到大陆做生意，享受到了大陆改革开放的红利，这种经历也让她的父辈更加坚定地认为，大陆是子女求学和成长的理想之地。

蔡云咏从小便生活在这片充满活力和机遇的土地上。临近高中时，她面临一个重要选择：是参加港澳台联考，还是回台湾上大学，亦或到国外留学。然而她并没有过多纠结和犹豫，因为在她心中已

经锁定了目标——在中国最好的传媒院校学习播音主持专业。对于蔡云咏来说，这样的选择并非偶然。她自小就对播音主持充满了向往，成为一名优秀的主持人是她长久以来的梦想。她希望通过自己的声音和平台，让更多的人了解和关注社会发展、文化传承。这种责任感和使命感，让她在求学之路上更加努力和坚定，也让她的求学之路更加清晰和顺利。

筑梦——通过手中话筒为两岸青年交流发声

蔡云咏说到在北京的这些年，无论是学习还是实践，都让她收获颇丰，她坦言在这里感受到三种深刻的情感：归属感、幸福感和使命感。而这一切故事的起点，要从2023年的纪念汪辜会谈30周年座谈会说起。蔡云咏第一次参与这类活动，一开始懵懂走进会场，脑子里想的是"老师推荐我了，我就积极去参加一下"。但当坐在会场里时，那种触碰历史的感觉一下子让她严肃起来。那一刻她深切感受到了"九二共识"的特殊力量，并意识到这对于两岸青年来说具有非同小可的意义。更重要的是，从那时起蔡云咏开始思考，作为一名来自中国台湾的青年，结合自己的专业，"我能为社会做些什么"？

随后的一次"台湾鲲鹏会"活动，让蔡云咏踏上了一段别开生面的旅程。这次活动不仅让她与岛内大学生"首来族"们有了深度交流，更让她有机会深入了解这些岛内青年对大陆的梦想与期待。蔡云咏清晰记得，当她与这些台湾学生交谈时，他们的眼中闪烁着对大

参加纪念汪辜会谈30周年座谈会

陆方方面面事物的好奇。尽管两岸有着共同的文化根基，但生活习惯与认知上的差异仍然明显。这些台湾学生远道而来，不仅是为了领略大陆的壮丽风光，更是为了探索这片广阔土地背后的独属于中华民族的动人故事。参观长城与博物馆时，他们被眼前宏伟的景象所震撼，仿佛每一块砖、每一片瓦都在诉说着千年的历史；在鸟巢参观北京冬奥会开幕式的场地时，蔡云咏特别和他们分享了《闪亮的雪花》中"掉队的小鸽子"被拉回队伍这个别具匠心的小趣事，一下子把大家都拉回到激动人心的冬奥会开幕式，瞬间打动了在场的每一个人，更让这些台湾青年体会到了那种独属于中国人的民族自豪感。

在交流中，蔡云咏也发现，由于信息传播的限制，台湾学生对大陆的了解还存在许多空白。而这次交流活动，正是为他们打开了一扇了解大陆的窗户。她深感只有通过亲身体验才能真正打破这些偏见和误解。自那以后，她更加期待通过自己手中的话筒，为两岸青年的交流发出更多有力量的声音！

圆梦——登上儿时梦想的春晚舞台

"在这条充满挑战与机遇的追梦路上，我现在可以自豪地向大家汇报，我正在为实现梦想而努力。"

担任杭州亚运会足球项目、盲人足球项目英文播报员

在北京冬奥会期间，蔡云咏作为花样滑冰领域的英文宣告员，和全场观众一起高唱《我爱你，中国》；在杭州亚运会上，蔡云咏担任足球项目和亚残运会盲人足球项目的英文播报员，盲人足球项目冠亚军争夺战中的经历令她终生难忘，"当时中国队正跟伊朗队激烈比拼，当中国队最后一球踢进，我大声宣布冠军是中国队时，全场沸腾，我热泪盈眶。那一刻，我作为中国人感到由衷的自豪"！

参加 2023 年央视主持人大赛，对蔡云咏来说是一次全新的挑战。她内心既充满期待也夹杂着些许顾虑。在学校老师的悉心指导和鼓励下，她逐渐克服了心中的忐忑，勇敢地迎接了备赛的每一个日

参加 2023 中央广播电视总台主持人大赛

夜。为了在这个环节中脱颖而出,她反复琢磨,精心准备,力求在展现个性特质的同时,也传达出自己对两岸文化交流的热忱与期望。功夫不负有心人,蔡云咏的努力与才华得到了大家的认可。她顺利晋级到了电视录制环节,更在抽签分组时与来自深圳、香港、台湾的优秀选手们汇聚一堂,共同组成了一个别具特色的"大湾区"团队。

在比赛中,蔡云咏以"家人来了"为主题,用真挚的情感和细腻的语言,讲述了属于自己的两岸家史,以及在这里的学习心得和体会。那一季的节目播放量首播就达到了 2.3 亿次。蔡云咏在节目最后说:"时间和距离是客观存在的,但它们永远阻隔不断的是我们之间最坚固、永远割舍不掉的血缘和爱。"那时,蔡云咏感觉手中的话筒充满了力量。在 2024 年央视春节联欢晚会上,她参演了节目《看

作为表演嘉宾参加 2024 年央视春晚

动画片的我们长大了》，与全国人民一起度过了一个难忘的春节，也登上了自己儿时梦想的舞台。

蔡云咏一步一个脚印，努力走在追梦、筑梦、圆梦的道路上，离成为一名优秀的主持人越来越近。蔡云咏充满信心，因为她知道，机遇垂青于有准备的人。蔡云咏最想对台湾青年说，"我希望大家能够勇敢的探索，然后坚定自己选择的方向，在北京这个地方，我们一定可以找到最适合自己的方向和位置"。

（本文原载于《大学生》2024年第9期）

蔡宣萱

无论海角与天涯，大抵心安即是家

作者·王妍

初见蔡宣萱

脑海里立刻闪现出

《诗经》里的一句话：

有美一人，清扬婉兮

她的脸上洋溢着微笑

传递出温暖和喜悦

她的眼睛明亮而有神

透露出一种自信和坚韧

还记得年少时的梦吗

蔡宣萱生在台湾，长在深圳，2018 年考入中央戏剧学院音乐剧

蔡宣萱

表演专业，本科毕业后继续深造，现在已经是研究生二年级的学生了。说到自己的家庭，蔡宣萱兴奋之情溢于言表。虽然爸爸长期往返两岸，妈妈待在深圳，自己和妹妹先后到北京求学，一家人生活在不同的城市，"但距离并没有阻挡我们对彼此的关心，大家隔三差五就会视频通话，分享自己的生活，点滴小事都会让一家人充满欢乐，一聊就聊好久"。

蔡宣萱说，父母就像是朋友一样，对她和妹妹做出的决定都全力支持。"我的爸爸妈妈对我们选择艺术专业这个事情，不反对而且很尊重我和妹妹的想法，一直鼓励我们。他们也总说静等花开，只要

蔡宣萱

脚踏实地,就会有精彩的未来。"聊到和中央戏剧学院的缘分,蔡宣萱说这得益于小时候对古筝、中国舞的学习,在传统艺术的熏陶下,她开始逐渐向往走进这所艺术殿堂。 在立志要考上中戏后,蔡宣萱在兼顾文化课业的同时,也开始夜以继日地提升自己的专业素养。来到北京经过系统学习后,蔡宣萱方知想要实现梦想并不是说说那么容易,她沉下心来为之不懈努力。有时候一个音唱不准,哪怕练一个晚上不睡觉也要把它唱准。历经多年苦练,她终于圆梦,通过了专业考核,成功进入中戏。

怀揣梦想的蔡宣萱,对自己一直有很高的要求,"我时常会规划

话剧《樱桃园》，蔡宣萱扮演角色安尼雅

我以后的专业道路，只希望可以更好，尽我所能，另外的就交给时间、交给机遇。"

人总要学着自己长大

"在大四快毕业的时候，大家纷纷开始找工作，我问自己如果真的毕业了该去哪里？"蔡宣萱坦言："其实我本身对于表演十分喜欢，也在临毕业时参与了很多演出，在一次次实践中慢慢成长，不过理想跟现实还是不太一样，这条路并没有那么容易，或许我需要不断尝试。"

带着对未来不确定性的思考，结合老师的建议，蔡宣萱决定考研加强自身能力，不过这时距考试只有不到一个月的时间。"当时还在排练毕业大戏，其实没有给我很多时间去准备，只能一有时间就泡在图书馆里复习。不过好在我本身的专业除了表演，平时还会接触到导演、舞美、灯光等其他知识。"得益于本科学习时的扎实功底，蔡宣萱顺利考取本校本专业研究生。上了研究生后，蔡宣萱最大的感受是"对未来更明朗和清晰，对自我的认知有了很大不同"，"其实年轻人普遍来说对未来的发展可能都会有一段迷茫期，想真正不让自己迷茫就要去不断尝试和努力，人总要学着自己长大，我觉得这是我们现在这个年龄段都在经历的事情。"本科的时候，老师和同学们对

蔡宣萱排练日常

蔡宣萱的评价,说得最多的就是"你吧,什么都想要做到最好",或许高追求让蔡宣萱时常倍感压力,但她也很清楚"机会是留给有准备的人","我希望站在舞台上面对观众的时候,自己是最好的状态"。

为自己的心找一个家

身为表演专业的学生,蔡宣萱有不少参演经历,但她对大四时与班里同学们一起排练的原创音乐剧《我们的故事》最有感触(未商演)。"这部反映我们自己有血有肉真实故事的音乐剧,配上传唱两岸的经典且富有烟火气息的音乐,生动讲述了一群学生在追逐梦想的过程中,困难重重但在遇见彼此的过程中努力拼搏,最终明白自己想要成为什么样的人的故事。"在剧中,蔡宣萱饰演的角色就是她自己——来自台湾的"宣萱",为了追逐自己的梦想,在本应同家人欢聚的除夕夜,由于艺考时间提前不得不买上机票飞往北京。看着来来往往准备回家过年的人们,她显得有些失落,趴在行李箱上发呆。就在这时,舞台采用蒙太奇手法,将宣萱从机场切回自己的家中,她的眼前出现了和家人团聚过年的场景:爸爸妈妈正在准备年夜饭,自己和妹妹围绕在父母身边,一家人欢笑打闹。在虚幻与现实交织中,"宣萱"意识到这是自己的想象,她不得不面对与家人的离别,踏上追梦的征途。随着音乐响起,宣萱坐回到了机场的椅子上,看着家人满含泪水唱出了"走吧,走吧,人总要学着自己长大……"这一刻她仿佛明白了,这就是成长,有快乐也有悲伤,有收获也有遗憾。

话剧《Company》剧照

蔡宣萱认为那段时光给自己印象最深的是"大家在一起很重要",同学们齐心协力为毕业大戏做准备的劲头,让她觉得只要和同学们一起努力就会干劲十足。当时,大家为了充分准备这部剧,自己创作、反复修改剧本,排练有时候甚至从早上7点持续到夜里12点,想着干脆在排练场席地而睡。

能将自己的故事通过音乐剧的方式展现出来,蔡宣萱表示,对于她而言,这是最值得珍惜的一段时光。"从'人总要学会自己长大',到'还未如愿见着不朽,就把自己先搞丢,越过山丘',再到'青春,它径自走了,也不管我多舍不得……失落与获得,交错着,刚好够我写一首短歌'……跟随着音乐去连接我们彼此的故事,大家

四·共筑未来｜两岸青年的梦想与担当

蔡宣萱

对生活的感悟也在蔓延，开始找到自己，认识自我。""回忆着这些，仿佛回忆着一部从头到尾的电影一般，那是剧里角色的几年，也是属于我们的几年。或许生活就是这样，但无论何时何地，只要想起《我们的故事》，追问一下自己'想成为什么样的人'时，我相信总有一天，我们都会越过山丘。"谈到未来，蔡宣萱觉得"只要脚踏实地、充满希望，在祖国大陆这个富有挑战和机遇、同时又很温暖的地方，我们终究会有美好的未来"。也许白居易的诗最能表达蔡宣萱的内心：无论海角与天涯，大抵心安即是家。

（本文原载于《大学生》2024年第4期）

飞奔向北京

作词・卢洪亚

作曲・周强

金色阳光洒满百年紫禁城
巍巍雄关迎着千年风和雨
圆明三园见证沧桑历史
香山枫叶比那二月花更红

中关村创新层出不穷
CBD 的街巷车水马龙
东方雄狮积蓄七十年动能
今天全世界都刮起了中国旋风

飞奔向北京　飞奔向北京
我要去看天安门　转一转胡同
飞奔向北京　我要奔向北京
我要走进清华园
飞奔向北京　飞奔向北京
我要登上八达岭　看一看长城

飞奔向北京　我要奔向北京
我要走进清华园　做个好学生

我的生活还算小确幸
楼下便利店多晚都亮着灯
我崇拜的人却陆续离开
不愿天天看这风景复又重

都说北京有成千上万台青
我也按捺不住内心的悸动
好的 Idea 不断改变全世界
我胸膛的热血已开始沸腾

飞奔向北京　飞奔向北京
我要去看天安门　转一转胡同
飞奔向北京　我要奔向北京
我要走进清华园
飞奔向北京　飞奔向北京
我要登上八达岭　看一看长城
Lalalalala 我要奔向北京
我要看一看长城　走进清华园

La....La....

我要去看天安门　转一转胡同

La.... 我要奔向北京

我要融入这个大时代

飞奔向北京

撸起袖子加油干搏出精彩人生

La.... 我要奔向北京

京彩台湾无悔青春

我要拥抱这新时代

两岸一家亲

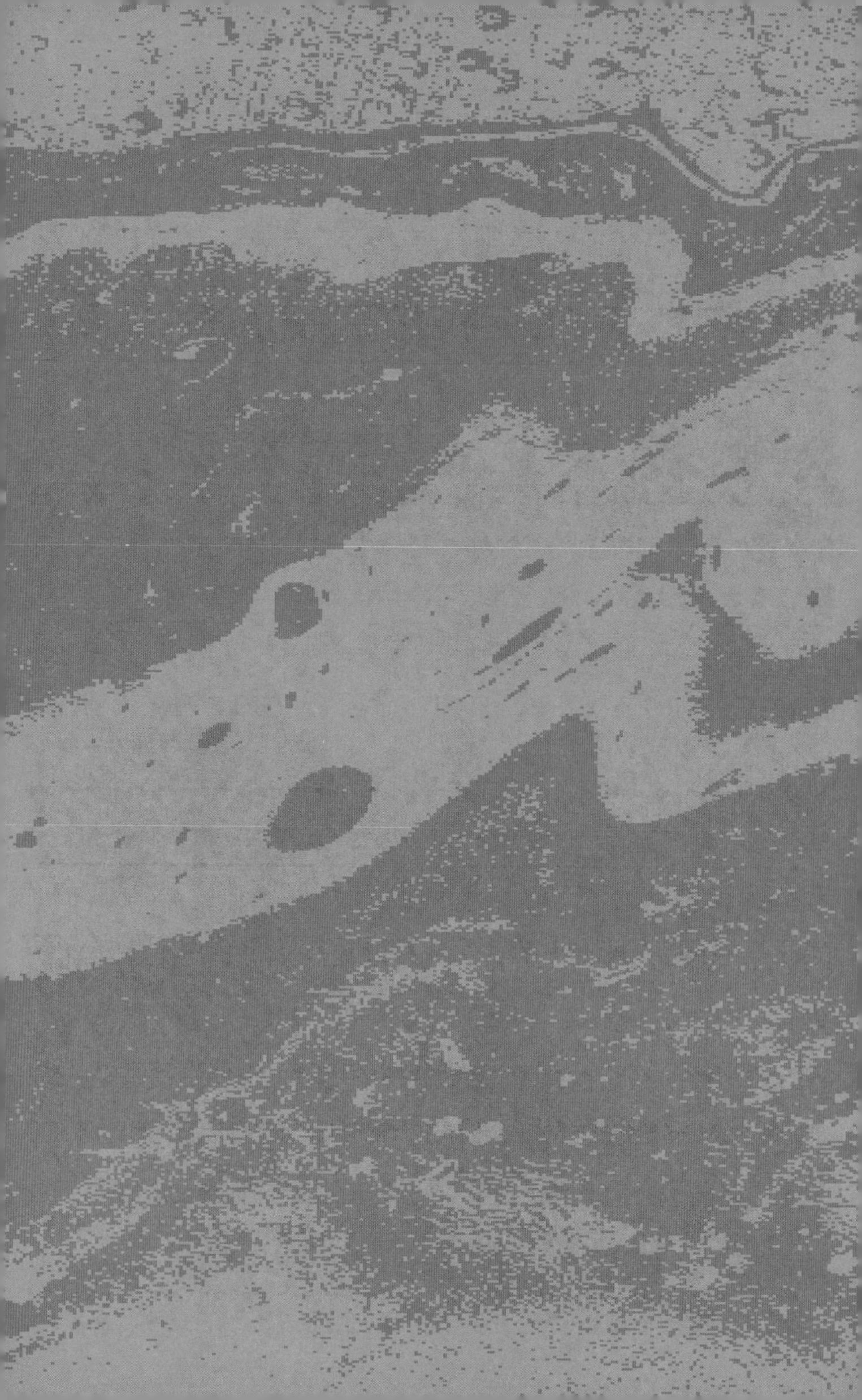

后记

这是一本讲述台湾青年在大陆追梦、筑梦、圆梦的书。

近年来，到大陆交流求学、就业创业、工作生活的台湾青年越来越多，他们在各行各业努力奋斗着、收获着、幸福着。他们是两岸融合的受益者，是推进中国式现代化的参与者，是中华民族伟大复兴的亲历者。

为展示台湾青年在大陆多姿多彩、有声有色的奋斗场景，通过"现身说法"的方式，讲好两岸融合发展故事，我们在日常工作中陆续采访了30多位在大陆奋斗的台湾青年，将他们的故事汇集成册，作为首届海峡两岸中华文化峰会的献礼之作，取书名为《心安之处即是家：台湾青年大陆追梦记》。

两岸同根同源、同文同种。"无论海角与天涯，大抵心安即是家。"唐代诗人白居易的名句，道出了多数台湾青年的心声。这些台湾青年最初来大陆，或许是因为对大陆的好奇，又或许是对大陆亲人的牵挂，亦或许只是单纯想来走走看看……初来的记忆可能已经模糊，但从这些故事中，我们读到了当下的他们特别心安、特别笃定、特别幸福、特别珍惜，因为他们奋斗扎根的地方，已经被他们打心眼

后　记

里认可为自己的家。

在采访和编辑这些人物故事的过程中，我们一次又一次被他们的事迹所感动：

来自台北的"80后"女生吴宜蓁，人生规划不断在推翻重构。在美国读完硕士后，她先是由台北到上海在渣打银行工作，后来又到北京在法国兴业银行任中国区个人银行副总裁，事业巅峰之时却辞职创业，从零开始在北京昌平区搭实验室、建工厂，带着一批科研人员，投身生物科技领域。吴宜蓁在办企业之余还积极助力两岸交流，她希望"用自己的亲身经历，帮助台湾同胞打开一扇窗。从这扇窗户里，他们可以看到，在大陆创业到底是什么样的前景"。

同样来自台北的"90后"创业者徐韬，在大陆创业的几年间，不仅历经了创业初期的艰难与挫折，也经历了参加青创大赛获奖的荣光时刻，并最终凭借成熟的商业模式和市场检验，赢得了投资人和社会的广泛认可。他常说"在台湾我就像鱼缸里的鱼，来到大陆像是回到了大海，而大海才是鱼该待的地方。我相信台湾青年需要的不是躺平，而是需要有更大的舞台来改变自己的命运。不跨过这湾海峡，你永远不知道世界有多大"。

因为送外卖火到了国台办新闻发布会上的"台湾好 A"来自南投，也是一名"90 后"自媒体人，他坦言"其实送外卖只是我的一份工作而已，是我深入了解大陆社会、融入在地生活的好途径"。虽然在北京生活有压力，但他的视频却充满正能量，作为自媒体创作者的他甚至有一种使命感，"我希望能透过自己微不足道的力量，去分享两岸之间的文化与生活。只要勤劳努力，靠自己的双手奋斗，每一位青年都会实现自己的人生价值"！

童年时因家庭的变故与困顿曾一度迷失自我的台湾青年简孟轩，因接触街舞而"开始有梦想了，敢于去追梦了"，因去云南山区支教而改变人生轨迹，从有想来大陆发展的想法到在北京站稳脚跟、进而感叹"选择北京等于无限可能"。现在一家四口已在北京定居的他感慨道，"我不仅感受到北京的多元和包容性，同时也能感受到北京的温暖，以及发自内心的归属感"。

来自高雄的李绍嬅是无声世界的有爱妈妈，她为了一群听障孩子创办了彩虹天使咖啡屋，希望让他们能成为更好的自己。这群特

后 记

殊的孩子们在属于咖啡屋自己的歌曲《彩虹天使的爱》中唱道：小小天使有一双翅膀／她的眼睛温柔又明亮／她教我用双手／给爱我的人带来希望……每当李绍嬅说起和他们的故事时，眼中都噙满泪水，"爱，本就是无声的力量，它能打通有声与无声的世界，也一定能架起两岸沟通的桥梁"。

到四川大凉山当"乡青"的台湾青年林书任，北大博士毕业却放弃在京的工作机会和优越的生活条件，追随"疯狂追梦"的父亲投身乡村振兴，通过油橄榄种植产业带领当地村民脱贫致富。"四川青年五四奖章"的获得，证明林书任在大凉山找到了实现人生价值的广阔天地，他切身体会到"要真正认识这个时代，就要到最基层"。

就读于中国传媒大学的台湾学生蔡云咏，坦言在大陆感受到深刻的归属感、幸福感、使命感。在参加纪念汪辜会谈 30 周年座谈会后，她开始思考，作为一名台湾青年，结合自己的专业能为社会做些什么？在参加活动与岛内大学生"首来族"们深度交流后，她深感"只有通过亲身体验才能真正打破这些偏见和误解"，自那以后她更加期待通过自己手中的话筒，为两岸青年的交流发出更多有力量的声音。

在发挥专业特长参与到北京冬奥会、杭州亚运会及亚残运会的英文宣告与播报工作当中后,她热泪盈眶,"作为中国人感到由衷的自豪"!

......

两岸一家亲,共圆中国梦。我们希望通过讲述这些台湾青年在大陆发展的生动故事,让更多台湾同胞了解祖国大陆的发展成就,了解各地给台胞提供的同等待遇措施,了解台湾青年在大陆的各种职涯发展机遇与前景。有了这些故事的指引,我们相信,未来会有更多台湾青年来大陆追梦、筑梦、圆梦。

考虑到广大读者的阅读体验以及书籍体量,本书收录的这些人物故事只是众多在大陆台湾青年的缩影。带着对祖国未来的憧憬和期盼,他们的故事还在继续。受他们的故事感染而源源不断"登陆"的台湾青年,也在书写属于自己的故事。未来的日子里,"京彩台湾"也将继续努力,给广大读者带来更多更精彩的台湾青年故事。

本书能够成功出版,背后凝聚了很多人的心血和付出。在此,我们要特别感谢台盟中央、国台办宣传局、北京市台办、中国社科院台湾研究所等单位及相关领导对于本书出版过程中的悉心指导和大力

后 记

支持；特别感谢台海出版社的编辑团队，他们的专业精神和严谨态度确保了本书的高质量呈现；特别感谢撰稿者对于人物采访的精心准备及稿件打磨上的精益求精；最后也是最重要的，感谢书中收录的台湾青年本人及其家人对本书的鼎力支持，感谢你们为推动两岸交流和融合所做出的贡献，让我们有优质内容得以呈现。

  本书付梓只是开始，让我们一起期待更多续集早日出版。

  京彩台湾，因大家的支持，将更加精彩！

京彩台湾

2024 年 9 月